글쓰기 고민을 해결해 드립니다

글쓰기 고민을 해결해 드립니다

초판 1쇄 찍은 날 2018년 8월 7일
초판 1쇄 펴낸 날 2018년 8월 14일

지은이   정혁준·정윤영

펴낸이   백종민
주 간   정인회
편 집   최새미나·박보영·김지현·이혜진
외서기획   강형은
디자인   김미정·임진형
마케팅   김정미·박진용
관 리   장희정·임수정

펴낸곳   주식회사 꿈결
등 록   2016년 1월 21일(제2016-000015호)
주 소   서울시 영등포구 당산로 50길 3 꿈을담는빌딩 6층
대표전화   1544-6533
팩 스   02) 749-4151
홈페이지   dreamybook.co.kr
이메일   ggumgyeol@naver.com
블로그   blog.naver.com/ggumgyeol
트위터   twitter.com/ggumgyeol
페이스북   facebook.com/ggumgyeol
에듀카페   cafe.naver.com/ggumgyeoledu

ⓒ 정혁준·정윤영, 2018

ISBN 979-11-88260-51-5 03800

이 도서의 국립중앙도서관 출판예정도서목록(CIP)은 서지정보유통지원시스템 홈페이지(http://seoji.nl.go.kr)와
국가자료공동목록시스템(http://www.nl.go.kr/kolisnet)에서 이용하실 수 있습니다.(CIP제어번호: CIP2018022903)

이 책은 저작권법에 따라 보호받는 저작물이므로,
저작자와 출판사 양측의 허락 없이는 일부 혹은 전체를 인용하거나 옮겨 실을 수 없습니다.

책값은 뒤표지에 있습니다.
주식회사 꿈결은 ㈜꿈을담는틀의 자매회사입니다.

나는 글쓰기가 싫어요

글쓰기 고민을 해결해 드립니다

정혁준·정윤영 지음

들어가는 글

아빠의 생각

"아빠, 어떻게 하면 글을 잘 쓸 수 있어?"

토요일 아침, 늦잠을 자고 일어난 뒤 느긋이 신문을 읽고 있을 때 딸 윤영이가 물었다.

"생각과 느낌을 잘 드러나게 쓰면 되지, 뭐."

나는 이렇게 영혼 없는 대답을 한 뒤 딸을 쳐다봤다.

"……."

윤영이는 입을 꼭 다문 채 아무 말도 하지 않았다. 실망한 얼굴이었다.

문득 윤영이가 학교에서 내주는 독후감, 감상문, 시를 쓰느라 밤을 꼬박 새우는 모습이 떠올랐다. 그런 딸에게 아빠는 해 준 게 없었다. 아빠로서 미안했다. 그때 윤영이가 바로 활용할 수 있는 글쓰기 방법을 가르쳐 주면 어떨까라는 생각이 들었다.

'그래 맞아. 딱딱한 작문 이론이 아니라 글쓰기를 힘들어 하는 딸에게 꼭 필요한 글쓰기 방법을 가르쳐 주는 거야. 글쓰기 핵심을 쉽게, 간결하게, 명쾌하게 알려 주는 거지. 논술, 독후감, 감상문, 비평문, 자기소개서 등 장르를 가리지 않고 적용되는 모든 글쓰기에 꼭 필요한 방법 말이야!'

강의안을 만들 때 전혀 힘들지 않았다. 윤영이가 나를 '좋은 아빠로 인정할 거야'라는 생각이 들었다. 주말마다 윤영이와 노트북을 들고 카페를 찾아 어떻게 하면 글을 잘 쓰는지를 놓고 대화를 나눴다.

처음에는 내가 글쓰기를 알려 준다고 생각했다. 하지만 윤영이가 던지는 호기심 어린 질문으로 내가 오히려 배우는 게 많았다. 어느 순간 내가 윤영이에게 가르쳐 주는 게 아니라 내가 윤영한테 배운다는 느낌이 들었다.

그랬다. 글쓰기는 '공감'이었다. 내가 중요하게 생각하는 걸 가르치기에 앞서 정작 글을 쓰는 딸이 필요한 걸 알려 주는 게 먼저였다. 딸과 눈높이를 맞추는 게 무엇보다 중요하다는 사실을 늦게나마 깨달았다.

이 책 역시 윤영이가 한 질문에서 시작됐다.

"아빠랑 같이 공부하면서 어떻게 써야 잘 쓰는 글인지 많이 알게 됐어. 우리만 아는 것보다 더 많은 사람이 알게 책으로 냈으면 좋겠어."

처음엔 내가 "딸이 글 쓸 때 꼭 필요한 방법을 알려 주는 내용으로 책을 만들면 어떻겠냐"라고 했다. 그때 윤영이가 "자소서나 독후감 같은 글을 잘 쓰는 방법도 보여 주면 좋겠어. 내가 묻고, 아빠는 답해 주고"라고 말했다. 좋은 아이디어였다.

1부는 기자 아빠가 딸에게 꼭 알려 주고 싶은 글쓰기 노하우다. '영어와 일본어에서 온 번역 투 벗어나기, 간결하고 쉽고 분명하게 쓰기, 주어-목적어-서술어 일치하게 쓰기, 중복해 쓰지 않기'가 바로 그것이다. 2부는 학교에서 자주 쓰는 글을 장르별로 나눠 어떻게 하면 잘 쓸 수 있는지를 다루고 있다.

우리처럼, 엄마와 아빠가 아들과 딸과 함께 글쓰기를 놓고 대화를 나눠 보면 어떨까? 글쓰기로 서로 공감하게 될 것이다.

들어가는 글

딸의 생각

"생각과 느낌이 잘 드러나게 쓰면 되지, 뭐."

토요일 아침, 끙끙대며 수행평가 과제로 독후감을 쓰고 있었다. 사실 전날 밤에도 잠을 제대로 자지 못했다. 글을 잘 쓰고 싶은데 생각만큼 글이 잘 써지지 않았다.
마침 아빠가 신문을 읽고 계셨다. 답답한 마음에 아빠에게 여쭈었다.
"아빠, 어떻게 하면 글을 잘 쓸 수 있어?"
아빠는 "생각과 느낌을 잘 드러나게 쓰면 된다"라고 말하며 나를 쳐다보셨다.
"……."
나는 아무 말도 못했다. 아빠가 한 말이 어떤 뜻인지 몰랐기 때문이다. 아빠는 내가 제대로 이해하지 못해 실망한 듯한 모습을 보이셨다.
'아, 난 아빠에게 인정받는 딸이 되고 싶었는데…….'
갑자기 떠오르는 게 하나 있었다. 학교 글쓰기 수행 과제를 할 때마다 부딪히는 고민을 아빠와 함께 풀어 보고 싶었다.
'그래, 기자인 아빠에게 제대로 글 잘 쓰는 방법을 배우는 거야. 아빠는 딱딱하고 복잡한 것보다 실제로 써먹을 수 있는 글쓰기 방법을 알려 주실 거야. 기본을 배우면 글쓰기에 자신감이 생기겠지. 글쓰기는 앞으로 자소서를 쓰거나 대학에 갈 때도 필요하니까.'
주말마다 카페에서 핫초코를 마시며 아빠에게 '글 잘 쓰는 방법'을 배웠다. 우리 아빠여서 부담 없이 궁금한 걸 많이 물어봤다. 그때마다 아빠는 "좋은 질문"이라며 빙그레 웃으셨다. 그때 느꼈다. 글쓰기는 '대화'라는 것을. 글을 쓰면서 아빠와 솔직하게 이야기할 수 있었다. 아빠가 처음에 나에게 말한 '생각과 느낌을 잘 드러나게 쓰는 것'이 무엇인지도 알게 됐다.

'친구들이 이런 걸 많이 알면 얼마나 좋을까?' 아빠에게 "우리가 지금 공부하는 것을 책으로 쓰면 좋겠다"라고 하자 아빠는 활짝 웃으면서 "좋은 아이디어"라고 말하셨다.

처음 책을 내려고 했을 때 아빠는 학생들이 글 쓸 때 꼭 필요한 내용을 담았으면 하셨다. 그때 아이디어가 하나 떠올랐다. 아빠에게 "자소서나 독후감, 비평문 같은 글도 잘 쓰는 방법을 책에서 보여 주면 어때?"라고 의견을 냈다. 왜냐하면 내 주변 친구들이 이런 글을 쓰는 데 많이 고민하고 힘들어하기 때문이다.

더 많은 아이들이 나처럼 아빠, 엄마와 함께 글쓰기를 공부했으면 좋겠다.

아빠 정혁준과 딸 정윤영

차례

들어가는 글: 아빠의 생각, 딸의 생각 / 4

Part 1

글 쓰는 아빠, 딸에게 말 걸다

01 영어와 다른 우리말

우리말은 동사, 영어는 명사 먼저 / 13
글은 말하듯 써라 / 14
명사문보다 동사문과 형용사문 / 18
'가지다'는 이제 그만 / 21
문장을 애매모호하게 만드는 '것' / 25
쿠키 사러 왔다고요? / 28
불필요한 지시대명사는 안녕 / 31
수량보다 사람·사물이 먼저 / 33
함부로 쓰는 영어 번역 투 / 36
관형어보다 부사어 / 44

02 일본어와 다른 우리말

나의 살던 고향? 내가 살던 고향! / 47
일본어 표현이 만드는 군더더기 / 51
알게 모르게 쓰는 일본식 서술어 / 54
Q&A 첫 부분을 잘 쓰기가 힘들다면? / 57

03 간결하게 쉽게 분명하게

문장을 짧게 끊는 연습부터 / 59
긴 꼬리를 잘라라 / 63
한자어를 쉬운 말로 바꾸는 배려 / 67
Q&A 글을 쓸 때 접속사가 자꾸 나오면? / 73

04 주어·목적어·서술어는 어울리게

주어와 서술어가 멀리 떨어지면? / 75
서술어는 있는데 엉뚱해 / 83
목적어와 서술어도 부탁해 / 85

05 한 번 쓰면 충분해

숨은 중복 명사 찾기 / 91
숨은 중복 동사 찾기 / 94
웨딩마치와 백년가약 / 99
만만찮은 조사 / 103
Q&A 퇴고는 꼭 해야 하나요? / 109

06 '빼기'는 아름다워

행복감 – '감' = 행복 / 111
'성'은 '진정성' 있게 / 113
'적'이 적이 될 때 / 115
'화'는 줄여야 좋은 법 / 119

Part 2
글 쓰는 딸, 아빠에게 묻다

01 자소서, 피할 수 없으니 즐겨라

어느 아나운서의 면접 / 125
과장된 문장은 신뢰받지 못해 / 127
도대체 잘 쓴 자소서는 뭐야? / 130
자소서 4개 문항 파헤치기 / 135

02 독후감, 책과 생각 그리고 세상

줄거리와 느낌, 균형 잡기 / 152
내가 쓴 독후감, Before & After / 154

03 가깝고도 먼 교내 글쓰기

시, 천재만 쓸 수 있다고? / 181
수필, 자유롭기에 더 어려운 / 188
비평문, 독후감인 듯 아닌 듯 / 203
소논문, 어렵게만 생각하지 마 / 209

윤영이의 소논문 예시 / 214

글쓰기 고민을 해결해 드립니다

Part 1

글 쓰는 아빠, 딸에게 말 걸다

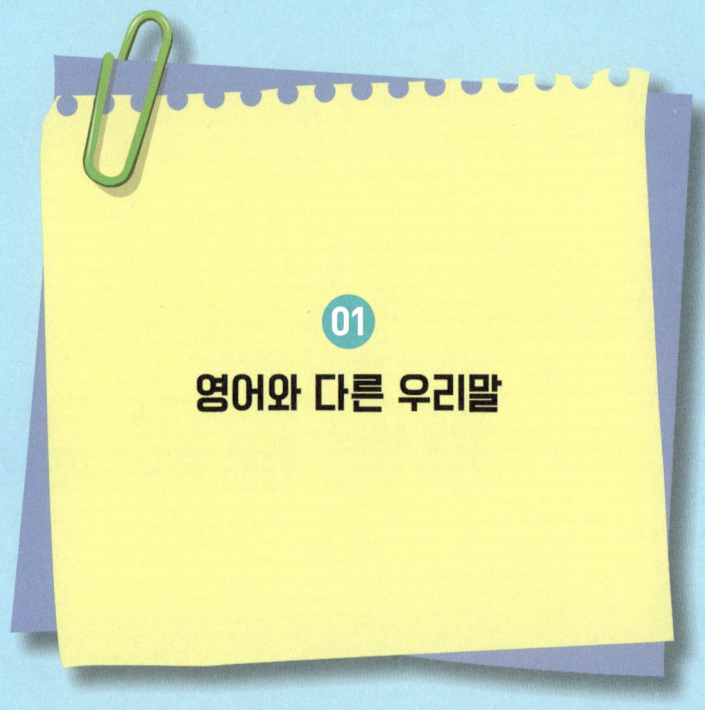

01
영어와 다른 우리말

우리말은 동사, 영어는 명사 먼저

한국 영화의 한 장면을 떠올려 보자. 깜깜한 밤, 가로등 아래 연인이 서 있어. 두 사람은 서로 얼굴을 마주하고 있어. 남자가 입을 열어. 뭐라고 했을까? "사랑해."

할리우드 영화의 한 장면을 생각해 볼까. 깜깜한 밤, 공원에 차 한 대가 세워져 있어. 차 안에는 연인이 타고 있어. 남자가 입을 열어. 뭐라고 했을까? "I love you."

그런데 말이지. 한국 남자와 미국 남자가 한 말을 서로 바꿔 번역하면 어떨까? 한국 남자가 이렇게 말한다면? "나는 너를 사랑해." 어색하겠지. 미국 남자가 이렇게 말한다면? "Love." 미국 여자는 헷갈릴 거야. 누가 누구를 사랑하는지 알 수 없으니까 말이지. 'love'라는 동사 하나만으로는 '남자가 여자를 사랑하는지, 여자가 남자를 사랑하는지' 알기 힘들어.

여기에서 우리말과 영어의 차이를 알 수 있어. 우리말은 '동사動詞'가 먼저야. 동사가 중요하고 동사 위주 문장이 발달했지. 영어는 '명사名詞'가 먼저야. 명사가 중요하고 명사 위주로 문장이 발달했어. 다시 말해 우리말은 동사 중심 언어이고, 영어는 명사 중심 언어야.

우리말 순서는 주어＋목적어＋동사이고, 영어 순서는 주어＋동사＋목적어라는 사실을 알고 있지? 이렇게 다른 순서는 의외로 많은 차이를 가져와.

영어는 'I like you'처럼 대개 문장의 처음과 끝이 주어와 목적어로 이루어져 있어. 주어와 목적어는 거의 명사(또는 대명사)이지. 특히 영어는 목적어 명사를 꾸미는 말이 발달해 있어. 예를 들어 'She gives me a cup'으로 끝난 문장에 'which he likes'를 덧붙여 'She gives me a cup which he likes'라고 쓸 수 있어. 우리말은 어때? 동사로 문장이 끝나기 때문에 그 뒤에 말을 붙이기 어려워.

영어는 명사가 중요하기 때문에 주어가 반드시 필요해. (참고로 주어로 자주 쓰이는 품사는 명사와 대명사가 있어.) 영어로 "나는 너와 함께 학교에 가고 싶어"라고 말한다면, 우리말로는 "학교에 같이 가자"라고 말하겠지. 반드시 주어가 나와야 하는 영어 특성은 책임을 분명하게 따지는 서양식 생각에서 비롯된 거야.

다시 강조하자면 우리말은 동사 중심 언어이지만 영어는 명사 중심 언어야. 우리말다운 글을 쓰려면 이런 차이를 기억해 두렴.

글은 말하듯 써라

글 쓸 때 자주 사용하지만 일상 대화에서는 거의 쓰지 않는 말이 있어. 어떤 게 있을까? 대표적으로 조사 '의'가 있어. 선생님이나 부모님, 친구와 대화할 때 '의'를 얼마나 말하는지 기억을 떠올려 보렴. 거의 말하는 일이 없을 거야. 그런데 글에는 '의'를 흔히 사용하지. 왜일까? 글에 명사를 많이 쓰기 때문이야. '의'는 명사와 명사 중간에 들어가. 명사와 명사를 연결하는 역할을 하는 거야.

글은 말하듯 쓰는 게 좋아. 그런데 말할 일이 거의 없는 '의'를 글에는 흔히 넣는단 말이지. 우리는 동사 중심으로 말하곤 해. 그렇다 보니 말할 때는 '의'를 거의 쓸 필요가 없어. 그런데 글 쓸 때는 영어처럼 명사 중심으로 표현하면서 조사 '의'를 자주 넣고 있어. 영어 번역 투에서 영향을 받은 거야. 말할 때처럼 '의'를 줄이려면, 명사 중심에서 벗어나 동사 중심으로 글을 쓰면 돼.

'의'와 마찬가지로 많이 사용하는 표현이 있어. 바로 '~에 대해'나 '~에 대한'이야. 말할 때와는 달리 글 쓸 때 무의식적으로 자주 쓰는 표현이야.

'대해'와 '대한'의 기본형은 '대(對)하다'야. '대하다'는 '상대하다' 할 때 그 말이지. '대상이나 상대로 삼다'는 뜻이야. 예를 들어 '독립에 대한 갈망', '미래에 대한 희망', '한국 문학에 대한 연구' 등으로 표현하지.

'대해'나 '대한'은 '의'와 마찬가지로 명사와 명사를 연결할 때 쓰는 경우가 많아. 그런데 이 표현은 문장을 어색하게 만들곤 해.

- 나이가 들수록 취미 생활에 <u>대한</u> 관심이 높아졌다.

이 문장에 나오는 '대한'은 명사 '취미 생활'과 명사 '관심'을 이어 주고 있어. 명사형 문장에는 이렇게 영어 번역 투 표현이 자주 들어가지. 이 문장에서 '대한'을 빼 볼까?

➡ 나이가 들수록 취미 생활에 관심이 높아졌다.

어때? 빼는 편이 훨씬 더 깔끔하고 자연스럽지.

• 그는 한국 문학에 대해 연구한 보고서를 최근 발표했다.

이 문장에 들어간 '대해'도 명사+명사로 된 구문을 잇기 위한 거야. 이때 동사형 문장으로 고치면 '대한'을 뺄 수 있어. 동사형 문장으로 만들려면 목적어 '을/를'이 필요해. 동사 앞에는 목적어가 오잖아. '먹었니?'라는 동사 앞에는 '밥을' 같은 목적어가 오지. '대한'을 없애고 '연구하다'라는 동사의 목적어를 살리는 거야.

➡ 그는 한국 문학을 연구한 보고서를 최근 발표했다.

다음 문장은 어떻게 고칠 수 있을까?

• 논술 동아리 회장은 교지 동아리 회장에 대해 자료를 요청했다.

마찬가지로 명사와 명사 사이를 '대해'로 연결했어. '대해'를 없애고 '에게'로 바꾸면 좀 더 자연스러워지겠지.

➡ 논술 동아리 회장은 교지 동아리 회장에게 자료를 요청했다.

다음 문장도 명사+명사로 이루어져 있어. 일단 명사 '성공'과 잘 어울리는 동사를 찾아보렴. '향하다'는 어떨까?

- 성공에 대한 갈망
➡ 성공을 향한 갈망

다음 표현도 고쳐 볼까?

- 노력에 대한 보상

'노력'과 '보상'을 연결할 때 어울리는 동사를 먼저 찾아보자. '맞다'나 '걸맞다'는 어떨까. 이 동사를 변형해 두 단어 사이에 넣어 보자.

➡ 노력에 (걸)맞는 보상

'대한'이 빠지면서 훨씬 우리말다운 표현이 됐지. '대한' 대신 '향한',

'맞선', '다룬' 같은 말을 쓰면 좀 더 자연스러운 문장을 만들 수 있어. '대한'과 '대해'는 문장의 정확한 의미를 알 수 없게 만들어. '자유에 대한 열망'이라는 표현을 한번 보자. 이 표현은 여러 가지 의미로 해석할 수 있어. 먼저 자유가 없는 독재국가에 살고 있는 사람이 '자유를 얻고 싶다'는 뜻으로 볼 수 있어. 그렇다면 '자유를 얻기 위한 노력'으로 바꾸는 게 좋겠지. 하지만 '인간은 모두 자유롭게 살아야 한다'는 점을 강조하려면 '자유를 향한 열망'으로 쓰는 게 맞아.

이처럼 더 정확한 표현을 고민하지 않으면 '대해'와 '대한'을 무분별하게 쓰게 돼.

명사문보다 동사문과 형용사문

우리말은 서술어가 다양하게 변하는 점이 특징이야. 영어와 중국어는 서술어 변화가 크지 않고, 단어를 배열하는 순서나 억양 높낮이로 뜻을 보충해. 또 우리말은 동사와 형용사가 발달했어. 동사와 형용사 모두 서술어로 쓰이는 품사잖아. 이들 품사를 잘 활용하면 이해하기 쉬운 문장을 만들 수 있어.

우리말은 서술어 품사를 기준으로 문장을 분류할 때 동사문, 형용사문, 명사문으로 나눠.

> 그가 간다. (동사문)
>
> 그는 착하다. (형용사문)
>
> 그는 학생이다. (명사문)

명사문은 명사에 서술격 조사 '이다'가 붙으며 끝나는 문장이야. 이 문장은 주어와 서술어가 반복되는 경우가 많아서 자칫하면 중언부언[1] 될 수 있어.

- 이 책은 글쓰기에 관해 쓴 책이다.

'이 책은 ~ 책이다.' 주어를 똑같이 설명하는 데 그쳤지. 이와 같이 잘못된 동어반복[2]은 흔히 볼 수 있어. '이 영화는 SF에 관한 영화다', '이 뮤지컬은 소설 《레 미제라블》을 원작으로 하는 뮤지컬이다' 모두 주어와 서술어가 같은 예문이야.

명사문을 동사문으로 바꾸면 이 문제를 쉽게 풀 수 있어.

➡ 이 책은 글쓰기를 다루고 있다.

---

1 중언부언(重言復言): 앞서 한 말을 자꾸 되풀이함.
2 동어반복(同語反復): 하나의 어(語)나 구(句)를 반복함.

또 다른 문장을 한번 볼까?

- 시급한 것은 높은 사교육비 부담을 감소하기 위한 정부의 대책이다.

'명사+이다'로 이루어진 명사문은 동사나 형용사 서술어를 활용한 문장에 비해 딱딱한 느낌을 주지. 섬세한 의미 전달도 힘들어. 이 문장은 주어(시급한 것)와 서술어(정부의 대책이다)가 명사 위주잖아. 서술어를 살려 고쳐 볼까?

'높은 사교육비 부담을 감소하기 위한 정부의 대책'은 '높은 사교육비 부담을 줄이는 대책'으로 바꿀 수 있겠지. 이러면 '~위한'이라는 번역 투도 뺄 수 있어. '정부의'를 없애면 '의'도 사라지지.

다음에는 주어(시급한 것)를 고치는 거야. 지금은 어깨에 힘이 꽉 들어가 있어. 멋있게 보이거나 강조하려고 쓴 것 같아. 하지만 문장은 자연스러워야 해. 여기에서는 주어를 '정부'로 바꾸는 게 자연스러워.

➡ 정부는 높은 사교육비 부담을 줄이는 대책을 만들어야 한다.

앞 문장이 주어와 서술어가 명사로 끝난 명사형 문장이라면, 이 문장은 주어는 명사, 서술어는 동사로 끝난 동사형 문장이야. 훨씬 우리말다워졌지.

이처럼 명사문은 되도록 동사문이나 형용사문으로 바꿔 쓰자.

'가지다'는 이제 그만

나에게는 꿈이 있습니다. 언젠가 이 나라가 떨쳐 일어나 진정한 의미의 국가 이념을 실천하리라는 꿈, 즉 모든 인간은 평등하게 태어났다는 진리를 우리 모두가 자명한 진실로 받아들이는 날이 오리라는 꿈입니다.

나에게는 꿈이 있습니다. 조지아의 붉은 언덕 위에서 과거에 노예로 살았던 부모의 후손과 그 노예의 주인이 낳은 후손이 식탁에 함께 둘러앉아 형제애를 나누는 날이 언젠가 오리라는 꿈입니다.

나에게는 꿈이 있습니다. 삭막한 사막으로 뒤덮인 채 불의와 억압의 열기에 신음하던 미시시피주조차도 자유와 정의가 실현되는 오아시스로 탈바꿈되리라는 꿈입니다.

나에게는 꿈이 있습니다. 저의 네 자식들이 피부색이 아니라 인격에 따라 평가받는 나라에서 살게 되는 날이 언젠가 오리라는 꿈입니다.

지금 나에게는 꿈이 있습니다!

나에게는 꿈이 있습니다. 주지사가 연방 정부의 정책 개입과 연방법 실시를 거부한다는 말만 늘어놓는 앨라배마주에서도 흑인 소년, 소녀가 백인 소년, 소녀와 서로 손잡고 형제자매처럼 함께 걸어 다닐 수 있는 상황으로 언젠가 탈바꿈되리라는 꿈입니다.

지금 나에게는 꿈이 있습니다! 모든 계곡이 높이 솟아오르고, 모든

> 언덕과 산이 낮아지고, 울퉁불퉁한 땅이 평지로 변하고, 꼬부라진 길이 곧은길로 바뀌고, 하나님의 영광이 나타나 모든 생물이 그 광경을 함께 지켜보리라는 꿈입니다.
>
> 이것이 바로 우리의 희망입니다. 이것이 바로 제가 남부로 돌아갈 때 지녀야 할 신념입니다. 이러한 신념만 있다면, 우리는 절망의 산을 깎아 내어 희망의 돌을 만들어 낼 수 있을 것입니다. 이러한 신념만 있다면, 우리는 귀에 거슬리는 불협화음에 휩싸여 있는 우리나라를 아름다운 교향곡의 선율처럼 형제애가 넘쳐나는 나라로 변화시킬 수 있을 것입니다. 이러한 신념만 있다면, 언젠가는 우리가 자유로워지리라고 믿으면서 우리는 함께 일하고, 함께 기도하고, 함께 투쟁하고, 함께 감옥에 가고, 함께 자유를 위해 싸울 수 있을 것입니다.
>
> — 마틴 루서 킹, 〈나에게는 꿈이 있습니다〉 중에서

1963년 8월 28일 노예 해방 100주년을 기념해 워싱턴 D.C.에서 열린 평화 대행진에서 미국 흑인 민권운동가 마틴 루서 킹 Martin Luther King 목사가 한 연설이야. 킹 목사는 흑인을 향한 인종차별 문제를 일깨우는 데 중요한 역할을 했어. 그의 연설 제목은 영어로 'I have a dream'이야. 우리말로 번역해 보면 '나는 꿈을 가지고 있습니다'야. 좀 이상하다고? 그렇지. '나에게는 꿈이 있습니다'가 좀 더 자연스

러워. '~를 가지고 있다'가 영어식 표현이기 때문이야.

우리말은 공동체를 나타내는 표현을 자주 쓴단다. '우리'라는 말이 대표적인 예야. 우리나라 사람은 '나'보다 '우리'라는 말을 즐겨 쓰지. 우리 가족이 살고 있는 집을 '우리 집'이라고 말하잖아. 아빠도 '우리 아빠', 엄마도 '우리 엄마', 학교도 '우리 학교'라고 표현해.

영어는 달라. 소유를 나타내는 표현이 발달해 내 것과 네 것을 구분하지. 아빠는 '내 아빠 my dad', 친구도 '내 친구 my friend'라고 말해. 더 나아가 소유격을 한 번 더 쓰는 이중 소유격도 있어. 이는 소유 의미를 좀 더 정확하게 보여 주기 위해서야.

예를 들어 '왕의 사진 the king's picture'이라는 표현은 두 가지 뜻으로 이해할 수 있어.

> the picture of the king's – 왕이 가지고 있는 사진
> the picture of the king – 왕이 찍힌 사진

소유격으로만 쓰면 두 가지 중에 어떤 것을 의미하는지 알 수 없어. 그래서 소유 개념을 확실하게 하기 위해 이중 소유격을 쓰는 거야. 이처럼 영어는 소유 표현이 발달한 언어야.

영어에서 소유, 즉 '가지다'를 의미하는 단어는 뭐니? 그래, 바로 '**have**'야. 소유 표현이 발달한 영어는 '**have**'를 활용하는 경우가 상당히 많아.

너는 눈이 예쁘다.
You have beautiful eyes.

그는 목소리가 좋다.
He has a good voice.

그는 발이 크다.
He has big feet.

그녀는 몸매가 좋다.
She has a nice body.

그들은 시력이 좋다.
They have good eyesight.

그녀는 마음이 좋다.
She has a good heart.

　이렇게 영어에서는 '가지다'로 다양한 표현을 만들어. 눈을 가지고, 목소리를 가지고, 발을 가지고, 몸매를 가지고, 시력을 가지고, 마음을 가지지. 영어를 쓰는 사람은 동사보다 명사로 표현하는 걸 고급스럽다고 생각해. '걷다'를 'take a walk'처럼 '걸음을 가지다'라고 표현하기를 좋아하지.

이 'have'가 언제부터인가 우리말에 녹아들었어. 그렇다면 다음 문장을 우리말답게 바꿔 볼까?

- "내일 저녁에 모임을 갖자."
➡ "내일 저녁에 모임을 하자."

이렇게 고치면 더 좋겠지.

➡ "내일 저녁에 모이자."

자, 처음으로 돌아가 보자. 영어식 표현 '나는 꿈을 가지고 있습니다'는 '나에게는 꿈이 있습니다'로 고치는 거야. 좀 더 자연스럽게 줄이면 '난 꿈이 있어요'가 되겠지.

문장을 애매모호하게 만드는 '것'

- 나는 그가 옳았다는 것에 대한 확신을 가지게 된 것이다.
- 책을 제대로 읽는다는 것은 똑똑한 사람이 되는 것이 아니라 지혜로운 사람이 되는 것입니다.

- 아버지는 간직하고 있는 <u>것</u> 중에서 가장 소중한 <u>것</u>을 어머니에게 주기로 한 <u>것</u>입니다.

이 문장에서 공통점을 찾아볼까? 그렇지, 바로 '것'이야. 한 문장 안에 '것'이 여러 번 겹쳐 나오지. '것'은 사물이나 현상 따위를 추상적으로 말하는 의존명사야. 글을 처음 쓸 때 '것'을 반복하는 경우가 많아. '것'을 많이 쓰는 이유는 강조하기 위해서야. 하지만 강조는 자주 할수록 힘이 떨어져. 가끔씩 강조해야 오히려 강하고 인상적이지. '사람은 생각하는 동물이다'라고 하면 되는데 '사람은 생각하는 동물인 것이다'라며 습관처럼 강조하는 거야. 하지만 읽는 사람에게는 오히려 '것이다'라는 표현이 부담스러울 수 있어.

또 문장을 쓰면서 마땅한 단어가 떠오르지 않을 때 '것'을 넣어. 사투리 중에 '거시기' 같은 거지. 어떤 단어가 얼른 떠오르지 않을 때 '거시기'라고 얼버무려 말하잖아.

'것'이 많은 문장은 애매모호하고 불분명해 보일 수 있어. '것'은 일, 예정, 방안, 문제, 측면 등 여러 뜻을 포함하고 있지. 그래서 너무 자주 쓰면 의미를 정확하게 전달하기 힘들어. 가능하다면 '것'을 대신할 만한 단어를 찾아 쓰도록 하자.

'네 것은 책상 위에 있어'라는 문장을 '네 책은 책상 위에 있어'처럼 구체적으로 써 보렴. 더 많은 정보를 문장에 담을 수 있지. '것'을 대체하는 단어를 찾는 노력을 하다 보면 어휘 실력을 높일 수 있어.

- 나는 그가 옳았다는 <u>것</u>에 대한 확신을 가지게 된 <u>것</u>이다.

멋있는 문장으로 만들려다 보니 '것'을 남용했어. 그 과정에서 '대한'과 '가지다'도 쓸데없이 들어가 버렸지.

➡ 나는 그가 옳았다고 확신했다.

'것'을 모두 빼 버렸어. 그러다 보니 '대한'과 '가지다'까지 빠졌고, 문장도 짧아졌지.

- 책을 제대로 읽는다는 <u>것</u>은 똑똑한 사람이 되는 <u>것</u>이 아니라 지혜로운 사람이 되는 <u>것</u>입니다.

이 문장은 어때? 한 문장 안에 '것'이 세 번이나 들어갔어.

➡ 책을 제대로 읽으면 똑똑한 사람이 아니라 지혜로운 사람이 됩니다.

'읽는다는 것'은 '읽으면'으로 바꾸면 훨씬 부드러워. '똑똑한 사람이 되는 것', '지혜로운 사람이 되는 것'은 '똑똑한 사람', '지혜로운 사람'으로 간결하게 고쳐 보자.

- 아버지는 간직하고 있는 <u>것</u> 중에서 가장 소중한 <u>것</u>을 어머니에게 주기로 한 <u>것</u>입니다.

이번에도 한 문장에 '것'이 3개나 나왔어. 문제는 이렇게 한 문장에 같은 단어를 썼지만 글을 읽는 사람은 '것'이 도대체 무엇인지 알 수 없다는 거야. 가능하다면 '것'이 무엇인지 구체적으로 보여 주자. 예를 들어 '것'이 '그림'이라면 이렇게 고칠 수 있겠지.

➡ 아버지는 간직하고 있는 그림 중에서 가장 소중한 것을 어머니에게 주기로 했습니다.

쿠키 사러 왔다고요?

아빠가 미국에서 연수할 때 이야기를 들려줄게. 어느 날 빵집에 들러 쿠키를 사려는데 보이지 않는 거야. 주인에게 말했지.
"쿠키를 사러 왔어요 I'd like to buy cookie."
그랬더니 주인은 의외라는 듯 물었어.
"네? 쿠키 사러 왔다고요? What? You want to buy a cookie?"
"네, 쿠키를 사러 왔다고요 Yes, I'd like to buy cookie."

"네? 정말 쿠키 사러 왔다고요? What? You really want to buy a cookie?"

이렇게 계속 주인은 묻고, 나는 답했어. '내 발음이 안 좋아서 자꾸 물어보는 건가?', '이 사람이 영어를 잘 못하는 동양인을 놀리는 건가?' 하고 여러 생각이 들었지. 그런데 금방 그 생각이 오해라는 걸 깨달았어. 우리말과 영어의 차이로 생긴 문제였거든.

빵집 주인이 자꾸 되물었던 이유는 '쿠키를 정말 한 개만 사러 왔는지' 확인하기 위해서였어. 쿠키를 달랑 하나만 사고 싶다고 해서 이상하게 본 거지. 보통 미국 사람은 "I'd like to buy cookies"라고 말해. 단수가 아닌 복수를 쓰는 거야.

우리말은 복수를 엄격하게 표현하지 않아. "냉장고에서 귤 서너 개 가져오렴", "네다섯 시에 만날까?"처럼 숫자 표현을 정확히 하지 않는 경우가 많지. 예를 들어 '먹자골목에는 많은 식당들이 늘어서 있다'는 문장에서 '많은 식당' 뒤에 굳이 '들'을 붙일 필요가 없어. '국민들은 국방의 의무를 진다'보다 '국민은 국방의 의무를 진다'가 자연스럽지.

반면 영어는 단수와 복수를 철저하게 구별해. '신사숙녀 여러분'이라고 할 때 영어는 'Ladies and Gentlemen'이라고 하지. 우리말로 옮기면 '숙녀분들과 신사분들'이야. 사람이 한 명이 아니기에 복수를 쓴 거야. 하지만 우리말은 어색해. 그냥 '신사숙녀 여러분'처럼 단수로 쓰는 편이 훨씬 자연스럽잖아.

복수를 나타내는 접미사 '들'은 명사 뒤에 자유롭게 붙어. 하지만 대개는 군더더기가 돼 버려. 예를 들어 '많은 학생들이', '모든 시민들이'

같은 표현이 대표적이야. '많은 학생이', '모든 시민이'로 충분하지. '이들 단체들은', '이들 학교들은' 같은 표현도 흔히 쓰는데 '이들 단체는' 또는 '이 단체들은'이라고 하면 돼.

몇 가지 예를 더 살펴볼까?

- 무대에 나온 연주자를 보고 관중들이 환호했다.
➡ 무대에 나온 연주자를 보고 관중은 환호했다.

'관중'은 그 자체로 집합명사야. '관중'의 '중'은 한자어로 무리를 뜻하는 '중衆'이거든. 따라서 복수형 조사를 사용할 필요가 없어.

- 우리 학교에는 세 명의 국어 선생님들이 계신다.
➡ 우리 학교에는 세 명의 국어 선생님이 계신다.

이 문장도 앞에 복수를 나타내는 '세 명'이 있으니 뒤에 복수를 뜻하는 '들'을 쓸 필요가 없어.

복수를 나타내는 '들'은 굳이 붙이지 않아도 될 자리라면 덜어 내렴. 추상적이거나 셀 수 없는 불가산명사에는 더더욱 안 쓰는 게 좋아. 가령 '그 정신들을 모아…', '많은 비들을 뿌리고…', '이런 행복들을 찾기 위해…'와 같은 표현은 어색하지. '정신', '비', '행복'은 단수로 표현해야 자연스러워. '물질들'에 쓰인 '들'도 어색하기는 마찬가지야.

문맥에서 복수라는 것을 짐작하거나 다른 어휘로 복수라는 사실을 알 수 있는 명사에는 '들'을 쓰지 말자.

불필요한 지시대명사는 안녕

'Dad comes home. He wears a suit.'
이 영어 문장을 번역해 볼까? 직역하면 이렇게 되겠지.

- 아빠가 집으로 들어왔다. 그는 정장 차림이었다.

문장이 영 어색하지. 아빠를 '그'로 표현했기 때문이야.

➡ 아빠가 집으로 들어왔다. 정장 차림이었다.

앞 문장의 주어 '아빠'를 다음 문장에서 생략했어. 우리말은 주어가 반복되면 생략하는 편이 더 자연스러워.

대명사는 명사를 대신하는 거야. 우리말은 대명사가 영어만큼 발달해 있지 않아. 그래서 he, she, it, this, that 같은 영어 삼인칭 대명사를 우리말로 풀 때는 어색한 경우가 많지. 읽는 사람에게 혼란을 주기도 해.

　다음 몇 가지 예문으로 대명사가 있는 게 나은지, 없는 게 나은지 살펴보자.

- 독일 자동차 산업은 일본의 그것에 비해 경쟁력이 강하다.

이 문장은 영어식 표현으로 이루어져 있어. 영어에서는 비교하는 표현을 반드시 넣어야 하지. 그러다 보니 한 문장 안에서 독일 자동차 산업과 일본 자동차 산업을 비교하는 거야. '자동차'라는 단어가 겹치니까 '일본의 그것'이란 표현을 썼어. 우리는 이런 삼인칭 대명사에 익숙하지 않아.

➡ 독일 자동차 산업은 일본에 비해 경쟁력이 강하다.

어때? '그것'을 생략하니 더 간결하면서 의미가 분명해졌지. 그렇다면 이 문장은 어떨까?

- 그는 장점이 있었다. 친절한 성격이 그것이다.

여기서 '그것'은 '그녀는 아름다움, 그 자체 She is a beauty itself'라는 문장에 나오는 '그 자체 itself'와 같은 뜻이야. 강조하기 위해 쓴 대명사로 굳이 필요하지 않아.

➡ 그는 장점이 있었다. 친절한 성격이었다.

이 두 문장을 한 문장으로 줄여 볼까?

➡ 그는 친절한 게 장점이었다.

수량보다 사람 · 사물이 먼저

우리말과 영어는 사물과 수량을 표기하는 순서가 달라. 우리말은 사물이 먼저, 영어는 수량이 먼저지. 예를 들어 어떤 사람이 책을 1만 권 가지고 있다고 해 보자. 우리말이라면 이렇게 쓸 거야. '그는 책을 많이 가지고 있다.' 영어는 이렇게 쓰겠지.

'He has many books.'

영어에서는 명사 앞에 오는 형용사가 여러 개일 경우에도 수량을 나타내는 표현이 가장 먼저 나와.

수량이 앞에 오는 영어식 표현을 볼까?

> five old women
> a few good man

우리말은 반대야. 사물을 앞세우고 수량을 뒤에 쓰지.

> 커피 두 잔
> 동전 세 닢
> 강아지 세 마리

다른 관형어가 들어가더라도 위치는 바뀌지 않아.

> 따뜻한 커피 두 잔
> 남은 동전 세 닢
> 귀여운 강아지 세 마리

우리말에서 수량은 항상 뒤에 와. 이를테면 수와 양은 찬밥인 셈이야. 영어만큼 수나 양을 중요하게 여기지 않아서 그렇지. 사과 한두 개, 친구 서너 명처럼 정확한 숫자를 밝히지 않는 표현이 많아. 그런데 글 쓸 때는 영어식 표현을 남용해 수량을 앞세우곤 해.

- 그에게는 <u>다섯 명의 친구들</u>이 있다.

이 문장은 영어식 표현이야. 수를 앞세우다 보니 다섯 명과 친구를 연결하려고 '의'를 넣었어. 우리말은 사람이나 사물을 먼저 쓴 뒤에 수를 표현한다고 했지. 우리말 어순으로 바꿔 보자.

➡ 그에게는 친구 다섯 명이 있다.

사람 다음에 수가 나왔어. 이렇게 하면 굳이 '의'를 넣지 않아도 돼.

- 그 학과는 이번 수능에서 <u>30명의 학생들</u>을 뽑는다.

이번에도 수(30명)가 사람(학생들)보다 먼저 나왔어.

➡ 그 학과는 이번 수능에서 학생 30명을 뽑는다.

마찬가지로 사람을 앞세우면 '의'를 쓸 필요가 없지. 항상 '수량보다 사람과 사물이 먼저'라는 원칙을 기억하렴.

함부로 쓰는 영어 번역 투

우리가 흔히 쓰는 영어 번역 투 표현을 살펴볼까?

- 그는 좋은 대학원에 가기 위해 영어 공부를 열심히 했다.

이 문장 안에도 영어 번역 투 표현이 있어. 단어 하나하나 살펴보고 소리 내 읽어 봐도 찾기 어렵다고? 그만큼 번역 투 표현이 우리가 쓰는 글 안에 깊숙이 들어와 있다는 뜻이야.

번역 투가 안 좋은 이유는 무엇일까? 우리가 쓰는 말과 이질감이 있어 글을 어렵게 만들기 때문이야. 우리글에 애정이 있는 사람은 번역 투를 비판해. 이오덕[3] 선생은 번역 투를 '병든 글'이라고 하고, 이수열[4] 선생은 '때 묻은 글'이라고 했지. 우리도 아무런 생각 없이 번역 투를 남용하고 있진 않은지 알아보자.

---

[3] **이오덕**(1925~2003): 우리나라 교육자, 아동문학가이다. 한국글쓰기교육연구회, 우리말연구소를 만들어 글쓰기 교육 운동과 우리말 연구에 힘쓴 우리말 연구가이기도 하다. 지은 책으로는 《우리 문장 바로 쓰기》, 《우리글 바로 쓰기》 등이 있다.

[4] **이수열**(1928~): 우리나라 교육자이다. 국어 교사를 지내며 우리말을 연구하고 '바른말 운동'에 힘썼다. 정년퇴직 후 대한민국 헌법을 우리말에 맞게 개정하는 작업을 해냈다. 지은 책으로는 《우리말 바로 쓰기》, 《우리가 정말 알아야 할 대한민국 헌법》 등이 있다.

~을 위하여

'~을 위하여'는 대표적인 번역 투야. 영어 'for', 'in behalf of', 'in the interest of'에서 비롯됐어. 주로 앞 내용을 강조하려고 쓰는데 '~하려고' 같은 표현으로 바꾸면 자연스러워. 앞에 나온 문장을 우리말답게 바꿔 볼까?

➡ 그는 좋은 대학원에 가려고 영어 공부를 열심히 했다.

다음은 어떨까?

• 그는 우리나라 경제 회생을 <u>위해서는</u> 신뢰 회복이 중요하다고 생각했다.

이 문장은 우리가 앞에서 공부한 명사형 문장이야. 여기서도 '위해서'를 없애 보자. 목적어(회생)를 서술어로 바꾸면 돼.

➡ 그는 우리나라 경제를 회생시키려면 신뢰 회복이 중요하다고 생각했다.

한 문장 더 고쳐 볼까?

• 군은 정치적 중립을 지키기 <u>위해</u> 노력했다.
➡ 군은 정치 중립을 지키려고 노력했다.

불구하고

'불구하고'는 앞에 나오는 내용과 뒤에 나오는 내용이 다를 때 사용해. 영어 'in spite of', 'even though'에서 나온 표현이야. 굳이 '불구하고'로 강조할 일이 아닌데도 지나치게 사용되지. '~에도', '~인데도', '~임에도'로 바꿔 써 보자.

- 경제대책위원회를 출범했음에도 불구하고 경기는 좋아지지 않았다.
→ 경제대책위원회를 출범했음에도(했지만) 경기는 좋아지지 않았다.

'불구하고'를 생략해도 앞뒤 내용이 다르다는 사실을 알 수 있지. 굳이 쓸 필요가 없는 단어와 문장은 빼 버리자.

- 오늘은 임시 공휴일임에도 불구하고 출근하는 회사원들이 많았다.
→ 오늘은 임시 공휴일이었지만 출근하는 회사원이 많았다.

'불구하고'를 지우니 글자 수가 줄어들고 자연스럽게 읽히지. 또 하나 고친 게 있어. '공휴일임에도'를 '공휴일이었지만'으로 바꿨잖아. '~임에도'는 명사형 표현이라고 했지. '사랑함에도 불구하고 그녀는 떠났다'처럼 명사형도 번역 투의 일종이야. 이건 어떻게 고치는 게 좋을까? '사랑했지만 그녀는 떠났다'로 표현하면 훨씬 우리말답지.

하지 않으면 안 된다

'하지 않으면 안 된다'는 영어 'must be'에서 나온 표현이야. 게다가 이중 부정이지. 두 차례에 걸쳐 부정하고 있어. 영어 시간에 이중 부정은 강한 긍정이라는 말을 배웠을 거야.

부정 표현이 한 문장에서 두 번이나 나오면 읽는 사람이 곧바로 이해하기 어려워. 글이란 읽으면서 바로 이해해야 하는데 이중 부정으로 된 문장은 한 번 더 생각해 봐야지. 강한 긍정을 나타내려면 아예 긍정문으로 써 봐.

- 성공하려면 열심히 노력하지 않으면 안 된다.
➡ 성공하려면 열심히 노력해야 한다.

간결해진 데다 한 번 보고도 이해할 수 있지.

- 우리는 법을 지키지 않으면 안 된다.

이 문장을 빨리 읽다 보면 '법을 지켜야 한다'는 건지, '법을 지킬 필요가 없다'는 건지 금방 이해하기 어려워. 이 문장도 이중 부정을 강한 긍정 표현으로 고치는 게 좋아.

➡ 우리는 법을 지켜야 한다.

아무리 강조해도 지나치지 않다

'아무리 강조해도 지나치지 않다'는 'can't be too emphasized'를 번역한 영어식 표현이야. '하지 않을 수 없다'처럼 이중 부정이지.

- 건강하게 사는 것은 <u>아무리 강조해도 지나치지 않다</u>.

자, 읽자마자 곧바로 이해하기 쉽지 않지?

➡ 건강은 무엇보다 중요하다.

'아무리 강조해도 지나치지 않다'를 '중요하다'로 바꾸면 문장을 간결하게 만들 수 있어. '건강하게 사는 것'도 '건강'이라는 말로 바꾸면 '것'을 없앨 수 있지.

- 국가가 국민의 안전을 책임져야 하는 것은 <u>아무리 강조해도 지나치지 않다</u>.

이 문장은 어때? 마찬가지로 이중 부정이라 한 번에 와닿지 않지? 문장도 길어. 이 문장은 '국가가 국민 안전을 책임지는 것은 당연한 일이다'로 고칠 수 있어. 훨씬 간결하고 의미도 강조되지. 이 문장을 더 줄여 보자.

➡ 국가는 국민 안전을 마땅히 책임져야 한다.

~이 요청된다 / ~이 요구된다

'~이 요청된다', '~이 요구된다'는 'be need to', 'be required for'에서 온 영어식 표현이야. 게다가 이 표현을 쓰면 문장이 피동형이 돼. 피동형은 소극적 표현이니 문장은 능동형으로 쓰도록 하자.

- 지금까지의 패러다임을 완전히 바꾸는 대변혁이 <u>요청된다</u>.

'요청된다'라는 표현 때문에 피동형 문장이 되었어. 피동형은 글 힘을 떨어뜨려. 하고픈 말을 드러내 놓고 하는 게 아니라 힘없는 목소리로 한다는 느낌을 주지. '요청된다'를 '바꿔야 한다'로 고쳐 보자.

➡ 지금까지의 패러다임을 완전히 바꿔야 한다.

패러다임을 완전히 바꾸는 것과 대변혁은 같은 의미야. 의미가 중복되니 대변혁을 빼도 된다는 말이지.

- 가난한 사람의 제대로 된 생활을 위한 대책 마련이 <u>요구된다</u>.

이 문장도 피동형으로 끝나는구나. '요구된다'를 다른 표현으로 고치고 능동형 문장으로 만들어 보자. '대책'은 어떻게 하는 거지? '세우는' 거지. 대책과 어울리는 동사는 '마련하다', '세우다' 등이 있어. '마련磨鍊'이라는 한자어보다 쉬운 '세우다'가 낫겠어. 문장 처음에 나오는 '가난한 사람의 제대로 된 생활'은 어때? 너무 긴 데다 문장이 엉켜 제대로 뜻을 보여 주지 못하지? '제대로 된' 같은 피동형 표현도 들어가 있어. 능동형으로 고쳐 볼까? '가난한 사람이 제대로 생활하도록' 이렇게 고치면 어떨까?

➡ 가난한 사람이 제대로 생활하도록 대책을 세워야 한다.

있는 가운데

'있는 가운데'는 영어 'in the middle of'에서 나온 번역 투야. '시간 흐름을 보여 주는 '~하자'라는 표현으로 바꿔 쓰면 훨씬 더 자연스러울 거야.

- 석유 가격이 폭등하고 있는 가운데 물가도 덩달아 뛰어올랐다.
➡ 석유 가격이 폭등하자 물가도 덩달아 뛰어올랐다.

다음 문장은 어떠니?

- 국가 경제가 위기에 빠져 있는 가운데 금값이 크게 올랐다.

마찬가지로 '~하고 있는 가운데'를 '~하면서'라는 표현을 넣어서 고쳐 볼까? 시간 흐름으로 표현돼 훨씬 더 쉽게 와닿지.

➡ 국가 경제가 위기에 빠지면서 금값이 크게 올랐다.

~로부터 자유로울 수 없다

'~로부터 자유로울 수 없다'는 영어 'free from'을 그대로 번역한 표현이야. '~할 수 없다' 정도로 고쳐 보자.

- 사람은 죽음<u>으로부터 자유로울 수 없다</u>.
➡ 사람은 죽음을 피할 수 없다.

~ 중의 하나

마지막으로 '~ 중의 하나'를 살펴보자. 영어 'one of the most'에서 나온 번역 부 표현이야. 굳이 필요 없는데 남용되고 있지.

- 사람에게 가장 중요한 것 <u>중의 하나</u>는 정직이다.

'~ 중의 하나'를 없애고 문장을 바꿔 보자. '사람에게 가장 중요한 것은 정직이다'로 고치면 어때? '것'이 아직 남아 있으니 문장을 한 번 더 고쳐 보렴.

➡ 사람에게 정직은 무엇보다 중요하다.

지금까지 우리글에 스며든 영어 번역 투 표현을 찾아봤어. 일단 번역 투 표현을 쓰면 '아무리 강조해도 지나치지 않다', '~로부터 자유로울 수 없다'처럼 문장이 길어지지. '~이 요구된다', '~이 요청된다'처럼 문장을 피동형으로 만들어 버리기도 해. 영어 번역 투에서 벗어나면 이런 문제를 없앨 수 있어. 영어 번역 투에서 벗어나야만 자연스러운 우리말과 가까워진다는 사실을 기억하렴.

관형어보다 부사어

- 내 가슴에는 아직 많은 사랑이 남았습니다.

이 문장은 사랑을 떠나보낸 사람이 이야기한 것처럼 들리지. 그런데 말이야. 이 말은 우리말다운 표현이 아니야, 영어식 표현이지.
영어는 명사가 먼저라고 했지? 명사와 마찬가지로 형용사도 중요해. 명사를 꾸며 주는 게 형용사잖아. 영어는 명사를 앞뒤에서 꾸미는 방법이 발달한 언어야. 관사, 형용사, 과거 분사, 관계 대명사 등이 대표적이야. 영어는 일상생활 표현도 명사 중심으로 쓰지. "Good

morning 좋은 아침"이나 "Marry Christmas 즐거운 성탄절"를 떠올려 봐. Good과 Marry는 모두 명사 morning, Christmas를 꾸며 주잖아.

우리말은 어떨까. 동사가 들어가야 자연스러워. "잘 가"나 "편히 쉬어"처럼 말이야. 우리말에서 명사를 꾸미는 문장 성분을 관형어라고 해. 우리말은 영어처럼 관형어가 많지 않아. 동사를 주로 쓰지. 그렇다 보니 동사를 꾸미는 말이 발달했어. 그게 바로 부사어야. 식당에서 나오는 친구를 만나면 우리는 흔히 "많이 먹었니?" 하고 물어보잖아. '많이'는 '먹다'를 꾸미는 부사어지.

하지만 영어 영향을 받아 글에 관형어를 많이 쓰고 있어. 관형어를 없애고 동사에 맞는 부사어로 바꿔 보자.

- 즐거운 주말 보내세요.

이 문장은 '주말'이라는 명사를 '즐거운'이라는 관형어가 꾸미고 있어. 영어식 표현이지. 어떻게 수정해야 우리말다울까? '즐거운'은 형용사잖아. 형용사를 부사로 바꾸면 '즐겁게'야. 그러니 '즐겁게'를 동사 앞에 놓아두면 돼.

➡ 주말 즐겁게 보내세요.

02
일본어와 다른 우리말

나의 살던 고향? 내가 살던 고향!

국어 시간에 최초의 신소설이 무엇인지 배웠지? 소설가 이인직이 쓴 《혈의 누》라는 작품이 대표적인 신소설이야. 혈血은 몸에 흐르는 피를 뜻하고, 누淚는 얼굴에 흐르는 눈물을 의미해. 즉 '혈의 누'는 '피눈물'이지. 사실 우리말로는 '혈루'가 맞는 표현이야. '혈의 누'는 일본어 문법을 적용한 거야. 일본어는 명사와 명사를 연결할 때 '〜의の'를 꼭 넣거든. '혈의 누'는 일본어 '血の淚'를 그대로 번역했다고 볼 수 있지.

일본어 영향을 받아 '의'를 사용한 사례는 흔히 찾을 수 있어. 심지어 〈3·1독립선언서〉에도 이러한 표현이 쓰였지. 기미독립선언서라고도 불리는 이 선언문은 1919년 3월 1일 3·1 운동을 맞아 민족 대표 33인이 우리나라 독립을 선언한 글이야.

- 오등(吾等)은 자(玆)에 아(我) '조선의 자주 독립국임과 조선인의 자주민임'을 선언하노라.

3·1독립선언서는 이 문장으로 시작해. 이 선언서는 독립 의지를 격정적이고 논리적으로 드러내고 있어. 그렇지만 너무 많은 한자가 들어가 있어. 모든 문장에서 한자가 중심이 되고 우리말은 조사에 그쳤지. 이보다 더 큰 문제는 일본어 투가 강하다는 거야. 당시 일본에서 새

로운 문물을 받아들인 지식인들이 일본 문자 가나 에 익숙하다 보니 글 쓸 때도 일본식 표현을 많이 썼어. 대표적인 표현이 바로 '의'야.

독립선언서 첫 부분을 살펴보자. "조선의 자주 독립국임과 조선인의 자주민임을 선언하노라"라고 나와 있지. 한 문장에 '의'가 두 번이나 나와. '독립국임'과 '자주민임'이라는 표현도 어색해.

➡ 조선이 자주 독립국이며 조선인이 자주민이라고 선언하노라.

어떠니? 훨씬 우리말다운 표현이 됐지. 사례 하나를 더 들어 볼까? 〈고향의 봄〉은 홍난파가 작곡하고 이원수가 작사한 가곡이야. 첫 부분 가사를 기억하니?

• 나의 살던 고향은 꽃 피는 산골

뭔가 자연스럽지 않지. '나의 살던 고향'을 우리말 표현으로 고쳐 보자.

➡ 내가 살던 고향은 꽃 피는 산골

이제야 우리말다운 표현이 됐어. '의'를 없애거나 다른 표현으로 고치면 글이 훨씬 읽기 편해져. 우리말은 '의'를 그리 많이 쓰지 않아. 사람을 가리키는 '나/너'는, 조사 'ㅣ'가 붙어 '내/네'로 쓰이지. '내 사랑 내 곁에', '네가 좋으면 나도 좋아'처럼 써야 맞는 표현이야.

물론 '의'를 완전히 빼고 문장을 만들 수는 없어. 문제는 습관적으로 남용하는 거야.

의를 줄이는 방법을 알려 줄게. 첫 번째는 '의'를 아예 빼는 거야.

- 도시 문제의 해결 방법에 대해 알아보자.
➡ 도시 문제 해결 방법에 대해 알아보자.

이 문장을 좀 더 손볼까? '대해'를 빼 버리면 문장이 훨씬 부드럽게 넘어가지.

➡ 도시 문제 해결 방법을 알아보자.

'의'를 해결하기 위한 두 번째 방법은 '주어와 서술어' 형식으로 바꾸는 거야.

- 나의 사랑하는 그 사람

표현 자체가 어색하지. 어떻게 고치면 될까? '내가 살던 고향'처럼 바꾸면 돼.

➡ 내가 사랑한 그 사람

마지막 방법은 '의'를 빼고, 그 자리에 동사를 넣는 거야.

• 정의와의 싸움에서 불의는 이길 수 없다.

일단 '의'를 빼야 해. 그리고 '싸움'이라는 명사를 동사로 활용할 수 있어. 싸움은 동사로 '싸우다'지. 이 동사를 서술어로 만들어 보자.

➡ 정의와 싸워서 불의는 이길 수 없다.

다음 문장을 한번 보자.

• 통일의 열기가 활활 타오르고 있다.

여기서도 '의'를 먼저 없애렴. 그리고 '열기'를 꾸밀 만한 동사를 떠올려 보는 거야. '향하다'는 어떨까? '향하다'를 꾸며 주는 말 관형어 로 만들려면 '향한'이 되겠지.

➡ 통일을 향한 열기가 활활 타오르고 있다.

일본어 표현이 만드는 군더더기

〈범죄와의 전쟁〉이라는 영화가 있어. 참, 청소년 관람 불가여서 잘 모를 수도 있겠네. 이 영화가 아니더라도 '범죄와의 전쟁'이라는 말은 종종 들어 봤을 거야. 범죄가 급증할 때 경찰이 이런 표현을 쓰곤 하잖아.

그런데 이 말도 일본어에서 흘러온 표현이야. 일본어 '~와의~との'에서 나왔어. 게다가 우리말에서는 조사를 겹쳐 쓰지 않는데 '와의'는 조사를 겹쳐 썼지. 접속조사 '와'는 둘 이상 사물을 같은 자격으로 잇는 일을 해. '의'는 소유를 뜻하는 격조사야. 이 둘을 겹쳐 사용해서 더 어색한 표현으로 만든 거야.

'쉬운 우리말 쓰기로서의 일본어 잔재 순화'는 국립국어원이 쓴 칼럼 제목이야. 국립국어원은 국어 연구를 하는 국가기관이야. 이 기관에서 일본어 순화[5]를 한다면서 일본어 투 제목을 쓴 거지. '로서'라는 조사 다음에 '의'라는 조사를 덧붙였어. 자, 고쳐 볼까?

- 쉬운 우리말 쓰기로서의 일본어 잔재 순화
- ➡ 쉬운 우리말을 쓰기 위해 필요한 일본어 순화
- ➡ 쉬운 우리말을 쓰기 위한 일본어 순화

---

5 순화: 잡스러운 것을 걸러 순수하게 하는 것

이렇게 고칠 수 있어. '위한'이나 '위해'가 거슬리면 다시 한 번 바꿔 보자.

➡ 쉬운 우리말을 쓰려면 일본어 투를 걸러 내자

'조사+의' 형태로 된 일본어 투는 이뿐만이 아니야. '~와의', '~에의', '~로의', '~에서의', '~로부터의', '~에로의' 등등…… 참 많지? 왜 이런 표현을 함부로 쓰는 걸까? 차분히 또는 자세히 설명하기 귀찮아서가 아닐까? 친절하게 설명하려면 좀 더 고민하며 글을 써야 해. 그래야 읽는 사람이 쉽게 이해할 수 있어.

우리말에는 일제 강점기 잔재가 수없이 남아 있어. 그런데도 우리는 눈치채지 못하고 무의식적으로 이런 말들을 사용하고 있지. 너무나 익숙해졌기 때문이야. 헌법, 법률, 국어 교과서도 마찬가지야. 계속해서 풀어 나가야 할 문제지.

'~에 있어서'라는 표현을 한번 볼까? 이 표현이 뜻을 좀 더 강조하는 것 같지만 그렇지 않아. 오히려 문맥을 어색하게 만들거나 전달하려는 의미를 또렷이 드러내지 않지. 우리말을 해치는 군더더기일 뿐이야.

다음 문장을 살펴보자.

- 감독<u>에 있어서</u> 리더십이 가장 중요한 덕목이다.

➡ 감독에게 리더십이 가장 중요한 가치다.

훨씬 깔끔해졌지. 다음 문장도 '~에 있어서'라는 군더더기가 있어.

• 다른 사람을 사랑함에 있어서 가장 중요한 것은 신뢰다.

'사랑함에 있어서'라는 표현이 멋있다고 느끼는 사람도 있겠지. 그런 사람에게는 이렇게 이야기해 주렴. 일본식 번역 투(있어서)에 영어식 번역 투(사랑함)가 섞인 말이라고. 조금만 손보면 간결한 우리말로 바꿀 수 있어. '사랑할 때'라는 표현으로 바꿔 보자.

➡ 다른 사람을 사랑할 때 가장 중요한 것은 신뢰다.

훨씬 간단하고 뜻이 명료해지지. '에서'도 마찬가지야. 함부로 쓰면 괜히 문장만 늘어서.

• 이 연구 보고서에서는 국제 금융 문제를 다루고 있다.
➡ 이 연구 보고서는 국제 금융 문제를 다루고 있다.

알게 모르게 쓰는 일본식 서술어

우리말에서 서술어는 문장 끝에 오지. 그런데 우리가 알게 모르게 자주 쓰는 서술어 가운데 일본식 표현이 많아.

있으시기 바랍니다

이 표현은 일본어에서 왔어. '참석 있으시기 바랍니다'처럼 초대하는 글에서 흔히 볼 수 있지. 이는 옳은 표현이 아니야. '참석'이란 말 뒤에는 '하다'나 '하지 않다', '하지 못하다' 같은 말이 따라와야 해. '참석' 뒤에 '있다'를 붙여 쓰면 우리 어법에 어긋나니까.

- 참석 있으시기 바랍니다.
➡ 참석 바랍니다.

방송에서 "많은 시청(있으시기) 바랍니다"라는 말을 자주 듣곤 하지. 일상생활에서도 "좋은 결과 있으시기 바랍니다", "많은 이용 있으시기 바랍니다", "많은 협조 있으시기 바랍니다"와 같은 말을 주고받는 경우가 많아. 이런 표현을 올바른 우리말로 바꿔 볼까? "많이 시청해 주십시오", "많이 협조해 주세요", "많이 이용해 주십시오"로 고치는 게 좋아. 주로 우리가 예의를 갖춰 요청할 때 많이 쓰는 표현들이지. 그러나 자신을 지나치게 낮출 필요는 없어.

요(要)한다

독립군을 체포해 고문을 가하던 일제 고등 경찰을 알고 있니? 그들이 쓰던 표현 중에 '요시찰자 要視察者', '요주의자 要注意者'란 말이 있어. 최근까지 우리나라 정보기관에서도 써 온 표현이야. 이젠 사라져야 할 말이지.

'요하다'는 일본어 '필요 있다 よう(要)する'를 직역한 표현이야. 흔히 강조하기 위해 쓰지. 격식을 차리는 공무원이 주로 활용하곤 해. 예를 들어 '막대한 비용이 드는 사업'을 '막대한 비용을 요하는 사업'으로 표현하지. 우리말에 맞게 고쳐 써 보자.

- 하이킹을 할 때는 체력과 인내력을 요한다.
➡ 하이킹을 할 때는 체력과 인내력이 필요하다.

다름 아니다

'다름 아니다'는 일본어 '다른 것이 아니다 ~にほかならない'를 직역한 거야. 우리말로는 '똑같다'나 '다름없다' 같은 표현으로 바꿔 쓸 수 있지.

- 그 시대의 역사를 온전히 기억하자는 것에 다름 아니다.
➡ 그 시대의 역사를 온전히 기억하자는 것과 다름없다.

달(達)하다

'달하다' 역시 일본식 표현이야. 우리 어법에 맞는 다른 말이 있어. '어떤 정도나 범위에 미치다'라는 의미로 쓰는 우리말에는 '이르다'가 있지. 굳이 일본어 한자를 사용할 필요가 없어.

- 올해 1~10월 에어컨 국내 판매 증가율이 53%에 달했다.
➡ 올해 1~10월 에어컨 국내 판매 증가율이 53%에 이르렀다.

경우

'경우'도 일본어를 그대로 직역한 표현이야. '~일 때' 또는 보조사 '은/는'으로 고칠 수 있어.

- 눈이 계속 내리는 경우 교통을 통제한다.
➡ 눈이 계속 내릴 때는 교통을 통제한다.

- 아이들의 경우 성인보다 상대적으로 체력이 약하다.
➡ 아이들은 성인보다 상대적으로 체력이 약하다.

Q&A

Q 첫 부분을 잘 쓰기가 힘들다면?

A 맞아, 한마디로 딜레마^{dilemma}야. 선택해야 할 길은 두 가지 중 하나로 정해져 있는데, 그 어느 쪽을 선택하기 힘든 상황이지. 첫 부분을 잘 쓰려고 하니 글을 시작하기 힘들지. 글을 쓰지 못하니까, 첫 부분을 아예 쓰지 못하게 되는 거고.

기자도 마찬가지야. 첫 문장 쓰기가 가장 힘들어. 기사 첫 문장을 리드^{lead}라고 해. 기사 리드는 글 전체 내용을 강렬하게, 압축적으로 보여 줘야 해. 첫 부분을 잘 써야 독자에게 내 글을 읽히게 만드는데, 잘 쓰려고 하다 보니 잘 쓰기 힘들어지지. 그런 부담 때문에 기자들도 리드를 쓰는 데 힘들어 한단다. 괜찮은 리드를 쓰면, "기사 50%를 다 썼다"고 말할 정도야.

이런 딜레마에서 벗어나는 방법은 뭘까? 첫 부분을 다시 쓴다고 생각하며 쓰는 거야. 첫 부분을 두 번, 세 번 쓴다고 생각하면 글 쓰는 부담을 줄일 수 있어.

'시작이 반'이라는 속담을 알지? 첫 부분을 이럭저럭 써 나가다 보면 글이 술술 잘 풀리는 경우가 많아. 더 좋은 첫 문장이 떠오르는 경우도 있지. 처음에는 생각이 안 떠오르는 첫 부분이 글을 쓰다 보면 떠오르는 거야.

잘 쓰기 힘들기 때문에 두 번, 세 번 쓴다고 생각해 보렴. 부담이 줄어들어 의외로 금방 좋은 첫 부분을 쓸 수 있어. 당장 써 봐! 그래야 좋은 문장이 떠오른단다.

03
간결하게 쉽게 분명하게

문장을 짧게 끊는 연습부터

> 내가 도쿄를 떠나던 날 아침, 아사코는 내 목을 안고 내 뺨에 입을 맞추고, 제가 쓰던 작은 손수건과 제가 끼던 작은 반지를 이별의 선물로 주었다. 옆에서 보고 있던 선생 부인은 웃으면서, "한 십 년 지나면 좋은 상대가 될 거예요" 하였다. 나는 얼굴이 뜨거워지는 것을 느꼈다. 나는 아사코에게 안데르센의 동화책을 주었다.
>
> – 피천득, 〈인연〉 중에서

수필 〈인연〉은 피천득[6] 작가가 학생 시절 만난 일본 소녀를 회상하며 쓴 글이란다. 이 수필은 소설 요소인 인물, 배경, 사건이 현재–과거–현재를 거쳐 액자 형식으로 나타나지. 소설과 다른 부분이 있다면 지은이가 자기 체험을 그대로 보여 준다는 점이야. 작가는 이 수필에서 소녀를 '스위트 피', '목련', '시드는 백합' 같은 꽃에 비유하고 있어. 두 사람의 관계가 시간이 지나면서 신선함이 줄어드는 꽃처럼 약해지는 변화를 담아냈지.

〈인연〉은 좋은 수필이야. 하지만 모든 문장이 좋다는 말은 아니란

---

[6] 피천득(1910~2007): 우리나라 시인, 수필가, 영문학자이다. 주요 작품으로 수필 〈기다리는 편지〉, 〈은전 한 닢〉, 〈인연〉, 시집 《서정소곡》 등이 있다.

다. 문장 하나하나를 놓고 보면 아쉬운 점도 있어. 평소 국어 교과서에 실린 글이나 책을 읽을 때 '작가가 왜 이런 표현을 썼을까?'라고 생각하며 읽어 봐. 글을 읽을 때 작가 권위에 주눅들 필요는 없어. 작가 역시 사람이라 완벽하기는 어려우니까.

애플의 CEO였던 스티브 잡스를 알고 있지? 2005년 6월 잡스는 미국 스탠퍼드 대학교 졸업식에서 축사를 맡았어. 그때 이런 말을 했단다. "도그마dogma의 함정에 빠지지 마세요. 그건 다른 사람이 생각한 대로 사는 것입니다. 다른 사람의 시끄러운 의견으로 여러분 내부의 소리가 묻히지 않게 하십시오. 가장 중요한 것은, 용기 있게 여러분 마음과 직관을 따르는 거예요. 여러분은 진짜 되고 싶은 게 무엇인지 이미 알고 있을 수도 있습니다. 나머지 것은 모두 부차적입니다."

도그마는 맹목적으로 신봉하고 주장하는 생각을 말해. 도그마에 빠지지 말라는 말은 항상 다르게 생각하라는 의미야. 기존의 것과 다르게 생각할수록 창의력은 높아지지.

국어 교과서에 실린 글은 대부분 좋은 평가를 받아. 그렇다고 모든 문장과 내용이 완벽할 수는 없어. 너 스스로 글쓴이가 되었다고 가정하고 글을 살펴봐. '여기선 이렇게 고치면 더 낫지 않을까?'라고 생각하면서 문장을 매만져 보는 거야. 앞서 읽은 피천득의 〈인연〉을 함께 고쳐 볼까?

➡ 내가 도쿄를 떠나던 날 아침, 아사코는 내 목을 안고 내 뺨에 입을 맞췄

다. 제가 쓰던 작은 손수건과 제가 끼던 작은 반지를 이별 선물로 주었다. 옆에서 보고 있던 선생 부인은 웃으며 "한 십 년 지나면 좋은 상대가 될 거예요"라고 말했다. 나는 얼굴이 뜨거워지는 것을 느꼈다. 아사코에게 안데르센 동화책을 건넸다.

모든 문장을 단문으로 고쳤어. 입을 맞췄다는 것과 선물을 줬다는 내용을 나눴어. 입맞춤과 이별 선물 이야기가 각각 살아나 더욱 강렬한 인상을 주지. 짧은 문장은 속도감을 느끼게도 해. '안데르센의 동화책'에서 '~의'는 빼는 편이 좋겠어. 원래 글에는 '주었다'가 거듭 나와. 운율을 맞추거나 강조하기 위해서가 아니라면 다른 표현으로 고쳐 보자. '주었다'와 비슷한 표현으로 뭐가 있을까? '건넸다'라는 말이 있지.

그럼 다음 글을 볼까? 어디서 본 적 있지 않니? 맞아, 우리나라 헌법 전문이야. 이 부분은 헌법을 만든 목적과 과정을 이야기하고 있어. 일단 한번 읽어 보자.

유구한 역사와 전통에 빛나는 우리 대한 국민은 3·1 운동으로 건립된 대한민국임시정부의 법통과 불의에 항거한 4·19 민주 이념을 계승하고, 조국의 민주개혁과 평화적 통일의 사명에 입각하여 정의·인도와 동포애로써 민족의 단결을 공고히 하고, 모든 사회적 폐습과 불의를 타파하며, 자율과 조화를 바탕으로 자유민주적 기본 질서를 더욱 확고히 하여 정치·경제·사회·문화의 모든 영역에 있어서 각인의 기회를 균등히 하고, 능력을 최고도로 발휘하게 하며, 자유와 권리에 따르는 책임과 의무를 완수하게 하여, 안으로는 국민 생활의 균등한 향상을 기하고 밖으로는 항구적인 세계 평화와 인류 공영에 이바지함으로써 우리들과 우리들의 자손의 안전과 자유와 행복을 영원히 확보할 것을 다짐하면서 1948년 7월 12일에 제정되고 8차에 걸쳐 개정된 헌법을 이제 국회의 의결을 거쳐 국민 투표에 의하여 개정한다.

읽어 보니 어때? 여러 좋은 뜻을 담고 있지만 읽기는 싫지? 헌법에 관심 있는 사람도 눈을 돌리게 만드는 글이야. 문장이 너무 길기 때문이지. 헌법 전문은 원고지 2.1장 분량이야. 글자 433자, 단어 93개가 한 문장에 담겨 있어. 어떤 이는 헌법의 영속성을 보여 주려고 이렇게 긴 문장을 만들었다고 주장해. 하지만 대체로 최악의 만연체라는 비판을 받고 있지. 만연체는 간결체의 반대말로 문장 호흡이 긴 문체야. 그럼 다음 글은 어떠니?

대한민국은 민주공화국이다.
대한민국의 주권은 국민에게 있고, 모든 권력은 국민으로부터 나온다.

이 문장도 어디서 본 듯하지. 우리나라 헌법 제1조 1항과 2항이야. 글이 간결하니 쉽게 눈에 들어오고 단숨에 읽히잖아.

헌법 전문과 헌법 1조를 비교해 보니 어떤 글을 써야 할 것 같니? 그래, 간결한 글을 써야 해. 짧은 글은 쓰기도 쉽고 다른 사람을 이해시키기도 쉬워.

물론 만연체로 글을 잘 쓰는 작가도 있어. 염상섭이라는 작가를 알고 있지? 한국 최초의 자연주의 소설로 평가받는 〈표본실의 청개구리〉를 쓴 사람이야. 사실주의 작가로 우리 현실을 고발하는 작품을 많이 썼지.

하지만 글쓰기 초보자가 긴 글을 쓰는 건 좋지 않아. 문장이 헝클어지고 주어와 서술어가 서로 맞지 않을 가능성이 높으니까 말이야.

글은 간결하게 쓸수록 좋다는 사실을 기억하렴.

긴 꼬리를 잘라라

'사람 말은 끝까지 들어 봐야 알 수 있다'는 말이 있지. 문장도 마찬가지야. 문장 처음에 원인과 배경이 오고, 뒤쪽에 결론이 오는 경우가 많아. 끝까지 읽어 봐야 글쓴이가 무엇을 말하는지 알 수 있지.

서술어를 늘여 쓰는 건 글쓰기에서 가장 피해야 할 습관이야. 보통 사람들은 뜻을 강조하거나 반대로 뜻을 누그러뜨릴 때 서술어를 늘여 쓰곤 해. 문장에 멋을 내려고 그럴 때도 있지. 불필요한 서술어를 잘라 내면 문장을 짧게 쓸 수 있어. 의미도 쉽게 전달할 수 있지. 뜻이 통한다면 굳이 길게 쓸 이유가 없잖아.

불필요한데 쓸데없이 덧붙은 것을 군더더기라고 하지. '이다'라고 짧게 끝낼 수 있는데 '~라 하지 않을 수 없다' 라던가 '~라 하지 아니할 수 없다'로 끝낸 문장을 떠올려 봐. 이런 군더더기는 아무 의미 없이 문장을 늘어지게 해. 글을 볼품없이 만들고 긴장감을 떨어뜨리지.

글을 잘 쓰려면 군더더기를 빼야 해. 좋은 문장일수록 간결하지. 군더더기 없는 문장으로 글을 쓰려면 항상 간결하게 쓰겠다고 생각하렴. 불필요한 것을 없애고 간단명료하게 써야 글맛을 살릴 수 있어.

- 사업 성패를 좌우하는 핵심 요소는 '기술'임을 알 수 있다.

이 문장은 어떠니? 서술어 '알 수 있다'로 끝나잖아. 굳이 필요 없는데 쓴 거지. '기술임을'도 어색해.

➡ 사업 성패를 좌우하는 핵심 요소는 '기술'이다.

이렇게 줄여 보렴. 훨씬 간결하고 의미도 바로 와닿지.

- 적은 금액이라도 모으고 관리하는 방법을 아는 사람만이 큰돈도 모을 줄 <u>아는 법이다</u>.

이 문장은 '아는 법이다'로 끝났어. 문장 마지막에 '법'을 넣어 자기 주장이 '맞다'는 걸 보여 주려고 한 거야. 자기 주장을 일반화하려는 의도에서 이런 표현을 써. 하지만 글 읽는 사람에게는 오히려 강요하는 느낌을 줄 수 있어. 부담 없이 자연스러운 표현이 더 낫지.

➡ 적은 금액이라도 모으고 관리하는 방법을 아는 사람만이 큰돈도 모은다.

이렇게 바꾸면 문장도 짧아지고 의미도 명확해져. 짧게 써서 의미를 명확하게 전달할 수 있는 문장을 일부러 길게 늘여 쓰지 말자.

- 중요한 국가적 관심사가 <u>아닐 수 없다</u>.

'아닐 수 없다'로 뜻을 간명하게 드러내지 못하고 있어. 언뜻 보기에 뜻을 강조한 것 같지. 하지만 전달하려는 내용이 모호해지고 논리성이 없어질 뿐이야. 꼬리를 확 자르고 싶은 마음이 들지 않니?

➡ 중요한 국가적 관심사다.

이중 부정 문장을 덜어 냈을 뿐인데 문장이 줄어들면서 간결해졌어. 의미도 머리에 바로 들어와. 문장은 짧지만 뜻은 훨씬 강조되지.

- 부정적인 생각만 하는 사람은 실패를 <u>하게 되고 만다</u>.

문장을 '하게 되고 만다'라고 길게 늘여 썼어. 왜 이렇게 썼을까? '실패를 하게 된다'라는 문장을 강조하고 싶었을 거야. 아니면 '실패한다'는 너무 단정적인 표현이라고 생각해 길게 늘여 쓴 것일 수도 있지. 만약 실패를 강조하고 싶다면,

➡ 부정적인 생각만 하는 사람은 실패한다.

이처럼 짧고 강하게 써서 보여 주면 돼. 반대로 단정적인 표현이 걸린다면 어떻게 할까?

➡ 부정적인 생각만 하는 사람은 성공하지 못한다.

무조건 문장 꼬리를 길게 늘인다고, 문장을 강조하거나 단정적인 느낌을 줄일 수는 없어. 오히려 간결한 표현을 잘 활용하면 그렇게 할 수 있지.

한자어를 쉬운 말로 바꾸는 배려

글 쓸 때는 배려가 필요해. 배려가 깃든 문장을 써야 한다는 거지. 그래야 읽기 좋은 글을 완성할 수 있어. 잘 쓴 글을 가려내는 기준 중 하나는 얼마나 알기 쉽게 쓰냐는 거지. 쉽게 쓰려면 어려운 한자어를 피해야 해.

우리말에는 한자어가 섞여 있어. 지위가 높거나 나이가 들수록 한자어를 많이 쓰곤 하지. 어려운 한자어를 쓸수록 지적 수준과 교양이 높다고 은연중에 생각하기 때문이야.

물론 한자어를 완전히 무시할 수는 없어. 한자어를 쓰면 풍부한 어휘를 활용해 다양한 문장을 만들 수 있거든. 글에 권위가 있어 보이기도 하지. 한자어는 뜻을 축약하거나 섬세하게 구별하는 장점도 있어. 우리말만으로 의미를 분명하게 압축적으로 전달하기 어려울 때 한자를 함께 쓰면 독자가 뜻을 혼동하는 것을 막을 수 있어.

예를 들면 '고전'이라는 단어가 있지. 그런데 '고전을 읽다'와 '고전을 겪다'에 나오는 한자어는 달라. 앞에 나오는 고전古典은 '오랫동안 많은 사람에게 널리 읽히는 문학이나 예술 작품'을 말해. 뒤에 나오는 고전苦戰은 '전쟁이나 운동 경기 따위에서, 몹시 힘들고 어렵게 싸우는 것'을 뜻해. 이처럼 뜻이 달라 읽는 사람이 헷갈릴 수 있을 때는 한자를 써 주는 게 좋아.

재연이라는 단어도 마찬가지야. '그 문제가 1년 만에 다시 재연됐다'

와 '그 문제가 거듭 재연되는 걸 막아야 한다'에서 앞에 나오는 재연再燃은 '한동안 잠잠하던 일이 다시 문제가 되어 시끄러워지는 것'을 뜻해. 뒤에 나오는 재연再演은 '한 번 한 일을 다시 되풀이하는 것'을 의미해.

하지만 어려운 한자어를 쓰면 문장이 무겁고 딱딱해져. 읽는 사람을 배려하기는커녕 거리감을 느끼게 해. 쉬운 단어로 표현할 수 있는데도 굳이 어려운 한자어를 사용해 글을 딱딱하게 만들 필요는 없지. 게다가 맞지 않는 한자를 쓰면 글 신뢰도를 떨어뜨릴 수 있어.

무엇보다 한자가 지나치게 많으면 문장을 읽는 데 방해돼. 어려운 한자어를 사용하면 글을 이해하기 힘들지. 어려워 보이는 한자어는 쉬운 말로 풀어 쓰고, 순우리말로 바꿔 주는 게 좋아.

어려운 단어를 평상시 자주 쓰는 단어로 최대한 바꿔 써 봐. 한자어는 전문 분야에서 사용할 때가 많지만, 실생활에서 사용하는 어휘는 그리 많지 않아. 《표준국어대사전》이나 《우리말큰사전》을 보면 한자어는 50%가 조금 넘어.

글쓰기의 가장 중요한 목적은 소통이잖아. 한자어로 소통이 어렵다면 쉽게 바꿔야겠지. 예를 들어 볼까.

- 지구온난화는 <u>제반</u>의 환경 파괴의 문제를 <u>야기</u>하고 있다.

한 문장에 어려운 한자어가 두 개나 있어. '제반諸般'은 '어떤 것과 관련된 모든 것'이란 뜻이야. '야기惹起'는 '일이나 사건 따위를 끌어 일으킨다'는 뜻이지.

아마 이 문장을 쓴 사람은 이렇게 한자어를 넣어야 글이 지적으로 보인다고 생각했을 거야. 하지만 정작 읽는 사람은 어려운 한자어 때문에 글을 쉽게 이해하지 못하고 넘어가 버릴 수 있지. 그렇다면 이 글을 쓴 의미가 없어지는 거잖아.

한자어를 많이 쓰면 명사가 자주 나와 '의'도 함께 쓰게 돼. 이 문장에서도 '제반의'에 이어 '파괴의'가 잇따라 나왔지.

쉬운 표현으로 고쳐 볼까?

➡ 지구온난화는 갖가지 환경 파괴 문제를 불러일으키고 있다.

'제반'을 '갖가지'로, '야기'를 '불러일으키다'로 바꿨어. 어려운 한자어를 쉬운 우리말로 고치니 쉽게 읽히잖아. 게다가 '의'가 모두 사라졌어.

• 생을 살아가면서 가끔 시련에 봉착한다.

'생生'은 삶이란 뜻이지. '생을 살아가면서'는 멋을 부린 표현이야. 학생이 쓴다면 듣는 사람은 조금 어색해할 거야. 우리는 평소 이렇게 말하지 않잖아. 일상에서 친구와 대화할 때처럼 자연스럽게 쓰면 되는 거야. 그렇다면 '생을 살아가면서'는 '살면서'가 되겠지. '봉착逢着'은 '어떤 처지나 상태에 부닥친다'는 뜻이야.

➡ 살면서 가끔 시련에 부닥친다.

다음 문장도 살펴보고 고쳐 보자.

• 이 일이 얼마나 어려운 것인지는 주지의 사실이다.

'주지周知'는 '여러 사람이 두루 알고 있다'는 뜻이야. 어려운 한자어지. 게다가 절을 주관하는 승려를 뜻하는 '주지住持'와 발음이 같아 의미가 헷갈릴 수 있어.

➡ 이 일이 얼마나 어려운지는 다 알고 있다.

'주지', '사실' 같은 한자어가 빠지면서 문장이 훨씬 쉬워졌지. 다음 문장을 보자.

• 공장장은 사고 발생에 대한 원인에 대해 일체의 언급을 회피했다.

한 문장 안에 한자어 7개가 들어가 있어. 이렇게 많은 한자어를 쓰면 글이 무거워지고 딱딱해져. '일체一切'는 '전부'를 뜻해. '언급言及'은 '어떤 문제를 두고 말하는 것'을 의미하지. 회피回避는 '꺼리어 선뜻 나서지 않음'이라는 뜻이야.

차례로 하나씩 고쳐 보자. 먼저 '회피'는 '하지 않았다'로 바꾸면 되겠지.

➡ 공장장은 사고 발생에 대한 원인에 대해 일체의 언급을 하지 않았다.

'언급'을 쉽게 풀면 '말'이 되지.

➡ 공장장은 사고 발생에 대한 원인에 대해 일체의 말을 하지 않았다.

이번엔 '일체'를 '전혀'로 고쳐 볼까?

➡ 공상상은 사고 발생에 대한 원인에 대해 전혀 말을 하지 않았다.

'발생'도 우리말 '일어나다'로 바꾸는 게 낫겠어.

➡ 공장장은 사고가 일어난 (대한) 원인에 대해 전혀 말을 하지 않았다.

이렇게 우리말로 바꾸니 글이 훨씬 쉽게 다가오지. 또 명사 위주 한자를 고쳐서 '대한'과 '대해'처럼 명사를 잇는 군더더기를 지울 수 있어.

➡ 공장장은 사고가 일어난 원인에 전혀 말을 하지 않았다.

이제 거의 마지막이야. '원인'은 이 문장에서 목적어로 쓰이니, 목적격 조사 '을'을 넣어 주자. 그러면 '원인을 전혀 말을 하지 않았다'가 되잖아. 조사가 겹쳐서 어색한 문장이 돼 버리니 하나를 지우자.

➡ 공장장은 사고가 일어난 원인을 전혀 말하지 않았다.

어때? 한자투성이 문장을 우리말로 바꾸니 훨씬 부드러워지고 잘 읽히지.

약국에서 약을 산 뒤 봉투를 유심히 보면 '식후에 약을 복용하세요'라고 적혀 있잖아. 그런 문장을 볼 때마다 쉬운 우리말로 표현하면 어떨까 싶어. '밥을 먹고 약을 드세요'라고 하면 더 부드럽게 읽히고 알기 쉬울 텐데 말이야. 마찬가지로 고속도로를 운전하다 보면 '사고 다발 지역'이라는 어려운 한자어를 흔히 볼 수 있어. 요즘은 '사고 잦은 곳'이라고 쉽게 쓴 표시판이 늘어나고 있어. 반가운 일이야.

Q & A

Q 글을 쓸 때 접속사가 자꾸 나오면?

A 좋아하는 작가 중에 김훈이라는 소설가가 있어. 김훈 문장 스타일은 단문이야. 문장 하나하나를 짧게 쓰지. 문장에 접속사가 많이 들어가면 글이 늘어지면서 탄력을 잃거든. 그래서 글쓰기 훈련이 돼 있지 않은 사람일수록 접속사를 많이 써.

문장이 짧기 때문에 문장 하나하나가 강렬한 이미지로 다가와. 김훈이 뛰어난 것은, 짧은 단문을 쓰지만 접속사를 쓰지 않는다는 거야. 문장을 길게 쓰면 접속사를 안 쓸 수 있어. 하지만 문장을 짧게 쓰면 접속사를 써야 하는 경우가 많아. 자, 이 문장을 보자.

- 나는 늦게 일어났다. 배가 고팠다. 다이어트를 위해서다.

이렇게 단문으로 쓰다 보니 문장이 연결돼 있지 않지. 문장이 서로 다른 얘기를 하니 문장을 연결하는 접속사가 필요한 거야.

➡ 나는 늦게 일어났다. 그런데 배가 고팠다. 하지만 다이어트를 위해 참았다.

접속사는 문장과 문장을 이어 주는 구실을 하지. 문장 연결이 끈끈하지 못할 경우 접속사가 필요해. 접속사를 안 쓰기 위해선 문장과 문장 사이를 이어 주는 다른 표현을 넣어야 해.

➡ 아침에 일어났다. 배에서 꼬르륵 소리가 들렸다. 참아야 했다. 다이어트를 위해서다.

단문을 자주 쓰면 이렇게 접속사가 필요할 때가 많지. 접속사를 안 쓰기 위해 문장 하나하나를 고치기도 힘들어. 어떻게 해야 할까? 일단 접속사를 신경 쓰지 말고 써 봐. 대신 퇴고할 때 내가 쓴 접속사를 줄여 나가렴. 퇴고할 때 보면 필요 없는 접속사가 꼭 들어가 있기 때문이야.

04
주어·목적어·서술어는 어울리게

주어와 서술어가 멀리 떨어지면?

문장은 '주어+목적어+서술어'로 만들어지지. 주어+서술어, 목적어+서술어를 맞게 써야 하는데 그렇지 않으면 문장이 어색해져. 문장에서 가장 중요한 건 주어와 서술어야. 이 두 가지가 서로 호응하도록 만들어야 해. 문법 용어로는 '주어-서술어 일치' 또는 '주어-서술어 호응'이라고 하지. 호응은 앞에 나온 말에 맞게 뒤에 나오는 말을 적절하게 쓰는 걸 말해.

- 서비스 업체가 신속히 제품을 수리하거나 교환받도록 조치해 주시기 바랍니다.

이 문장을 보렴. 2007학년도 수능에 나온 문장인데 오류가 있어. 무엇이 잘못됐는지 맞춰 봐. 잘 모르겠다고? 그럼 문장을 풀어서 같이 보도록 하자.

> 서비스 업체가 신속히 제품을 수리하게 조치해 주시기 바랍니다.
> 서비스 업체가 신속히 제품을 교환받도록 조치해 주시기 바랍니다.

처음 문장은 문제가 없어. 기술 업체가 제품을 수리하게 조치해 달라는 내용이야. 두 번째 문장은 어색해. 제품을 교환받는 건 소비자잖

아. 그런데 업체가 제품을 교환받는다는 뜻으로 읽히게 쓴 거야. '교환받도록'은 '교환해 주도록'으로 고쳐야 해.

➡ 기술 업체가 신속히 제품을 수리하거나 교환해 주도록 조치해 주시기 바랍니다.

이렇게 해야 정확한 문장이 되는 거야. 서비스 업체가 제품을 빨리 수리해 주거나 수리가 힘들면 교환해 주도록 해 달라는 내용이지. '기술 업체가 제품을 수리하다'는 주어와 서술어가 서로 잘 어울렸지만, '기술 업체가 교환받도록'은 주어와 서술어가 맞지 않아.

이처럼 주어와 서술어가 호응하지 못하는 이유는 서로 멀리 떨어져 있기 때문이야. 주어 뒤에 관형어와 목적어가 오고 서술어가 맨 끝에 오다 보니 무엇이 주어였는지 잊어버리는 거지.

문장에서 주어를 생략하는 경우가 있어. 주어가 알 만한 것이거나 연이어 나올 때지. 이때 서술어와 호응이 애매해지기 쉬워.

- 나는 월요일부터 금요일까지 주중에는 공부를 하느라 정신없이 하루를 보낸다. 그래서 주말을 기다린다. 주말에는 혼자 영화를 보러 가는 날이다.

이 글을 한번 보자. 언뜻 보면 별 문제가 없어. 하지만 이 글은 주어와 서술어가 제대로 호응하지 않아. 우리말 특성인 주어를 생략했기 때문이야. 이 글에서 전체 주어는 '나'야. 첫 문장에만 주어를 쓰고 뒤에는 주어를 생략했어. 잘한 거야. 계속 주어를 쓰면 '나는 ~ 했다' 형식이 반복될 테니까.

그런데 주어를 생략하다 보니 문장이 헝클어졌어. 주어를 한번 넣어 볼까.

➡ 나는 월요일부터 금요일까지 주중에는 공부를 하느라 정신없이 하루를 보낸다. 그래서 나는 주말을 기다린다. 나는 주말에는 혼자 영화를 보러 가는 날이다.

이렇게 되겠지. 그런데 마지막 문장은 '나는 ~ 가는 날이다'가 되잖아. 주어와 서술어가 맞지 않아. 왜 이런 실수를 했을까? 주어를 생략하고 마지막 문장에서 '주말'을 주어로 생각하다 보니, '날이다'라는 서술어를 쓴 거야. 마지막 문장을 고치려면 두 가지 방법이 있어.

첫 번째는 사람을 주어로 앞세우는 거야.

➡ 나는 주말에는 혼자 영화를 보러 간다.

두 번째로 사물을 주어로 앞세워 쓸 수 있어. 사물을 주어로 쓸 때는 서술어로 바꿔야 해. 이렇게 말이지.

➡ 주말은 혼자 영화를 보러 가는 날이다.

    주어와 서술어를 맞추기 위해서는 문장을 쓸 때 사람과 사물 중 어떤 것을 주어로 잡을지 분명히 정한 다음에 글을 쓰는 게 중요해.
    주어와 서술어를 맞게 쓰는 방법은 문장을 간결하게 쓰는 거야. 문장이 길어지면 어떻겠니? 긴 문장은 주어와 서술어 간격이 크게 벌어지지. 그러다 보면, 주어와 서술어가 맞지 못하는 경우가 생긴단다.

- 나는 너보다 키와 몸무게가 더 나간다.

이 문장에도 오류가 있는데 보이니? 일단 이 문장을 두 개로 나눠 보자.

> 나는 너보다 키가 더 크다.
> 나는 너보다 몸무게가 더 나간다.

이 두 문장을 하나로 합칠 때 오류가 생긴 거지. 주어와 서술어가 일치하지 않게 된 거야. 몸무게는 더 나갈 수 있지만, 키는 더 나갈 수 없지. 이 문장은 키에 맞는 서술어를 써야 바른 문장이 돼.

➡ 나는 너보다 키가 크고 몸무게가 더 나간다.

다음 문장도 한번 보자.

- 이 사과는 다른 사과보다 <u>맛과</u> <u>영양가가</u> 훨씬 <u>높습니다.</u>

'영양가가 높다'는 말이 되지만, '맛이 높다'는 어색하지. 맛은 좋거나 나쁜 거지, 많거나 적은 게 아니잖아. 이 문장도 고쳐 보자.

➡ 이 사과는 다른 사과보다 맛이 좋고 영양가가 훨씬 높습니다.

문장이 호응을 이루기 위해선 주어와 서술어를 서로 맞춰야 해. 문장 안에서 주어와 서술어가 호응이 잘되도록 하려면 어떻게 해야 할까? 주어와 서술어만 읽었을 때 맞게 썼는지 살펴봐야 해.

- <u>저는</u> 학생회장이 되기 위해 성실해야 <u>합니다.</u>

주어는 '저는'이잖아. 그런데 서술어는 '합니다'야. '저는'과 '합니다'가 서로 어울리지 않지.

➡ 저는 학생회장이 되기 위해 성실해야 한다고 생각합니다.

이렇게 고쳐야 맞는 문장이 되지. 주어와 서술어는 문장에서 고갱

이 핵심이야. 문장을 이루는 뼈대인 셈이지. 주어와 서술어가 제대로 서야 그 문장 안에 들어가는 목적어, 부사어, 관형어가 제대로 활약할 수 있어.

주어와 서술어가 잘 호응되게 하는 방법을 유형별로 살펴보자.

주어가 생략된 경우

➡ 너는 욕심을 너무 부려 그 일을 못 맡기겠다.

이 문장은 어떠니? 한눈에 보기에는 제대로 된 문장 같지. 그런데 말이야, 주어와 서술어가 호응하고 있는지를 눈여겨보면 오류가 있어. 이 문장도 주어가 빠져 있어. '너는'이 주어 아니냐고? 맞아, 이 문장에서 '너는'은 주어야. 하지만 또 다른 주어가 숨겨져 있지.

➡ 너는 욕심을 너무 부려 (내가) 그 일을 못 맡기겠다.

주어 '너는'과는 다른 '내가'가 들어가야 해. 그래야 주어와 서술어가 호응하지. 뒤에 들어가야 할 주어를 빼 버리니 문장이 꼬인 거야.

만약 '내가'라는 주어를 뺀다면 문장을 다음처럼 고쳐야 해.

➡ 너는 욕심을 너무 부려 (너는) 그 일을 못 맡을 것 같다.

이 문장은 서술어 '못 맡기겠다'를 '못 맡을 것 같다'라고 고쳤어. 피동형 문장으로 고친 거지. 전체 문장 주어와 뒤에 나오는 주어가 같지. 그러니 뒤에 나오는 주어를 생략해도 되는 거야.

주어가 둘, 서술어는 하나인 문장

주어가 생략된 문장에서 서술어를 맞추는 방법을 알아봤어. 이번에는 반대로 주어가 두 개씩 들어간 문장을 보자.

- <u>검찰은</u> <u>김씨가</u> 공직자로서의 직위를 이용해 10여 차례에 걸쳐 불법으로 대출을 받게 해 준 뒤 사례비 명목으로 5천여 만 원을 받아 챙긴 <u>혐의를 받고 있다.</u>

주어는 '검찰'이고, 서술어는 '혐의를 받고 있다'야. 문장이 이상하지? 검찰이란 조직이 혐의를 받는 건 말이 되지 않잖아. 왜 이런 문제가 일어난 걸까? 문장이 길어서 그래. 문장을 짧게 쓰면 이런 문제를 줄일 수 있어.

➡ 검찰은 김씨가 공직자 직위를 이용해 10여 차례 불법 대출을 받게 해 준 뒤 사례비로 5천여 만 원을 챙긴 혐의를 조사하고 있다.

주어를 생략해서는 안 될 때

다음 문장은 주어가 빠져 있어. 어디에 주어를 넣어야 할까?

- 우리 회사는 교육을 받기 위해 오프라인에서 모이지 않고서도 온라인으로 진행되는 사이버 시스템을 만들었다.

➡ 우리 회사는 교육을 받기 위해 오프라인에서 모이지 않고서도 온라인으로 (교육이) 진행되는 사이버 시스템을 만들었다.

'진행되는' 앞에 주어가 빠져 있어. '교육이 진행되는'이 바른 표현이야. 이 문장 앞에 교육이 나와 있어 중복되는 단어를 없애려고 일부러 생략한 거겠지. 하지만 무조건 중복을 피하기만 해서는 안 돼. 문법에 꼭 필요한 경우에는 두세 번씩 쓸 수밖에 없어. 같은 단어를 중복해서 쓰고 싶지 않다면 다른 표현을 생각해 봐야 해.

➡ 우리 회사는 교육을 받기 위해 오프라인에서 모이지 않고서도 온라인으로 교육이 진행되는 사이버 시스템을 만들었다.

이렇게 써도 되지만 능동형으로 바꾸는 게 더 좋겠지.

➡ 우리 회사는 교육을 받기 위해 오프라인에서 모이지 않고서도 온라인으로 교육을 진행하는 사이버 시스템을 만들었다.

서술어는 있는데 엉뚱해

문장에서 주요 구성 요소는 주어와 서술어라고 했어. 만약 이렇게 중요한 서술어가 빠진다면? 치명적인 결함이겠지. 그런데 실제로 서술어가 실종된 문장이 자주 나타나. 어떤 경우에 이런 일이 생기는지 확인해 보자.

- 이번에 새로 나온 이 카메라의 가장 큰 장점은 작고 가볍다.

처음엔 문제가 없는 듯 보이지만, 주어와 서술어에 초점을 두고 보면 문제가 보여.

문장 주어는 '이 카메라의 가장 큰 장점'이잖아. 서술어는 '작다'와 '가볍다'야. 서술어가 두 개 있지만 둘 다 이 문장의 서술어는 아니야. 장점이 작거나 가벼울 수는 없겠지. 주어 '이 카메라의 가장 큰 장점'과 호응하는 서술어가 없어.

이럴 때 가장 많이 활용하는 방법은 '것이다'를 쓰는 거야.

➡ 이번에 새로 나온 이 카메라의 가장 큰 장점은 작고 가볍다는 것이다.

전체 서술어가 없는 문장은 대개 이런 방식으로 문장을 바로잡을 수 있어. 한 번 더 연습해 볼까?

- 그가 주장한 것은 사람은 정직하게 살아야 한다.

앞 문장과 마찬가지로 주어 '그가 주장하는 것'과 서술어 '살아야 한다'가 서로 어울리지 않아. 앞에서 했듯이 '것'을 붙여 볼까?

➡ 그가 주장한 것은 사람이 정직하게 살아야 한다는 것이다.

그런데 이렇게 고치면 '것'이 중복돼. 거듭 나오는 단어는 다른 표현으로 고쳐 보자.

➡ 그가 주장한 점은 사람이 정직하게 살아야 한다는 것이다.

이렇게 '것'은 '점', '사실', '일' 등으로 바꿔 줄 수 있어. 물론 좀 더 자연스러운 표현으로 수정할 수도 있지. 하지만 '것이다'를 서술어로 보충하는 방식은 너무 자주 쓰지 않는 게 좋아. 어떤 방법이 있을까?

➡ 그가 사람은 정직하게 살아야 한다고 주장했다.

'것이다'를 쓰지 않고도 간결한 문장이 되었지? 문장을 뜯어고치니 훨씬 더 자연스러워졌어. 계속 강조했지만 주어를 사람으로 세우는 게 우리말다운 표현이야. 이렇게 문장을 자주 바꾸는 연습을 하면 문장력과 어휘력을 높일 수 있어.

　주어와 서술어가 어울리지 못하는 이유는 뭐라고 생각하니? 주어와 서술어가 서로 가리키는 영역이 다르기 때문이야.

- 우리 학교는 학생 잠재력을 이끌어 내는 교육이다.

　이 문장에서 '우리 학교는'이라는 주어와 '교육이다'라는 서술어가 호응하지 않는다는 걸 알 수 있어. '학교'와 '교육'은 같은 범위가 아니지.

➡ 우리 학교 교육은 학생 잠재력을 이끌어 내는 것을 목표로 한다.

또는 이렇게 고칠 수 있지.

➡ 우리 학교 교육 목표는 학생 잠재력을 이끌어 내는 것이다.

목적어와 서술어도 부탁해

　주어와 서술어는 하나인데 목적어가 두 개 이상 되는 문장을 쓸 때가 있어. 이때도 목적어와 서술어가 호응해야 해.

- 내일은 눈과 바람이 불겠습니다.
➡ 내일은 눈이 내리고 바람이 불겠습니다.

서술어는 '불겠습니다'야. 목적어는 눈과 바람이야. '분다'는 바람과 호응하지. 눈과는 어떠니? '눈이 불겠습니다.' 어색하지. 문장을 정확하게 쓰려면 눈에 맞는 동사를 써야겠지.

- 그는 뜨거운 한여름 대낮에 생수 한 병으로 목마름과 허기를 채웠다.

이 문장은 어때? '목마름'과 '채웠다'는 서로 어울리지 않지? 목마름에 어울리는 서술어가 필요해. 아빠는 '해결하다'란 동사가 떠오르네.

➡ 그는 뜨거운 한여름 대낮에 생수 한 병으로 목마름을 해결하고 허기를 채웠다.

'축이다'란 동사도 있지. 이 동사로 바꾸려면 문장을 조금 다듬어야 해.

➡ 그는 뜨거운 한여름 대낮에 생수 한 병으로 목을 축이고 허기를 채웠다.

큰 비가 오는데 동생이 집 밖으로 나가려 할 때 누군가 이렇게 말했어.

- "비가 많이 내리니 우산과 비옷을 입고 가."

이 문장도 목적어가 두 개인데 딸린 서술어는 하나야. 앞에 있는 목적어와 뒤에 있는 목적어에 쓰는 동사가 다른데 서술어는 하나뿐이지. 비옷은 입고 갈 수 있지만, 우산은 입고 갈 수 없잖아.

➡ "비가 많이 내리니 우산을 들고 비옷을 입고 가."

이렇게 목적어에 맞는 서술어를 각각 다르게 붙여야 해. 만약 두 개 목적어에 모두 쓰이는 동사가 있다면 그걸 활용하는 게 더 좋아. '필요한 물건을 찾아서 갖추어 놓거나 무엇을 빠뜨리지 않았는지 살피는 것'을 뜻하는 동사가 있지? 그렇지, '챙기다'야.

➡ "비가 많이 내리니 우산과 비옷을 챙겨 가."

목적어가 두 개 나올 때 첫 번째 목적어와 뒤에 나오는 서술어가 맞지 않는 경우가 많아. '눈이 분다'나 '우산을 입다'처럼 말이지. 이런 문장이 틀리기 쉬운 이유는 한 문장 안에 목적어가 여러 개 들어가기 때문이야. 문장을 나누거나 서술어를 바꿔 간결하게 만들어 보자.

- "글을 잘 쓰려면 신문과 TV 뉴스를 열심히 시청해야 한다."

이 문장 역시 호응을 제대로 맞추지 못했어. 'TV 뉴스를 열심히 시청하는' 건 맞지만, '신문을 열심히 시청하는' 건 아니지. '신문'에 어울리는 서술어가 필요해. '읽다'는 어떨까?

➡ 글을 잘 쓰려면 신문을 읽고 TV 뉴스를 열심히 시청해야 한다.

그런데 이렇게 고치면 2% 부족해. TV 뉴스를 '열심히' 시청하는데, 신문은 읽기만 하는 거잖아. '열심히'와 대응하는 부사어를 맞춰 보렴.

➡ 글을 잘 쓰려면 신문을 꼼꼼히 읽고 TV 뉴스를 열심히 시청해야 한다.

또 다른 문장을 들여다볼까?

- 이 기계는 유해 가스와 에너지 효율을 높이려고 개발된 것이다.

'높이다'의 목적어는 '유해 가스'와 '에너지 효율'이야. 에너지 효율은 높이는 게 맞지만 유해 가스를 높이는 건 이상하지. 앞에 나온 목적어와 호응하는 서술어가 필요해. '유해 가스'에 어울리는 서술어는 '낮추다'가 되겠지.

➡ 이 기계는 유해 가스 배출을 낮추고 에너지 효율을 높이기 위해 개발

된 것이다.

지금까지 목적어에 필요한 서술어를 빠뜨린 문장을 봤다면, 이제는 조금 다른 문장을 보자. 서술어에 따라 목적어를 넣거나 빼야 하는 문장이야.

- 인간은 자연을 지배하기도 하고 복종하기도 한다.

언뜻 보기엔 틀린 게 없지. 하지만 이 문장도 목적어와 서술어가 제대로 호응하지 않아. 문장을 두 개로 나눠 볼까?

인간은 자연을 지배하기도 한다.
인간은 자연을 복종하기도 한다.

'자연을 복종(하기도) 한다'는 두 번째 문장이 어색해. '자연에 복종한다'가 자연스럽지. '복종하다'는 목적어가 필요 없는 자동사야. 자동사는 목적어가 필요 없어. 그렇다고 '자연을'이라는 목적어를 빼 버리는 것도 맞지 않아. 어디에 복종하는지 알 수 없으니까 말이야. 그래서 이 문장은 '자연을'과 '자연에'를 꼭 넣어야 해.

➡ 인간은 자연을 지배하기도 하고 자연에 복종하기도 한다.

05
한 번 쓰면 충분해

숨은 중복 명사 찾기

- 친구가 <u>장사</u>를 하기 위해 우리 <u>동네</u>에서 <u>옷 가게</u>를 개업했는데, <u>옷 가게</u>는 우리 <u>동네</u>에서 <u>장사</u>가 잘되는 <u>옷 가게</u>였다.

한 문장에 중복되는 명사가 여럿 나오지. '옷 가게'라는 명사를 세 번이나 썼어. '장사'와 '우리 동네'도 두 번씩 나와. 이렇게 같은 단어를 중복해 쓰면 문장이 지루해 보여. 읽는 사람은 글이 성의 없다는 인상을 받게 되지.

중복 단어는 없애거나 다른 표현으로 바꾸는 게 좋아. 어쩔 수 없이 써야 한다면 대명사로 처리하는 것도 방법이야. 그래야 글이 신선하고 참신하게 읽힌단다.

➡ 친구가 우리 동네에서 옷 가게를 개업했는데, 그 가게는 장사가 잘됐다.

'옷 가게'라는 명사가 한 개만 보이지. 뒤에는 옷 가게 대신 '그 가게'라고 수정했어. '옷'이란 명사를 대신하는 '그'를 넣은 거야. '장사'란 단어도 두 번씩 나오는데, 앞에 나오는 '장사를 하기 위해서'는 생략하는 게 나아. '우리 동네'도 마찬가지야. 앞에 썼으니 뒤에는 굳이 쓸 필요가 없어.

- 3명의 내 친구들은 시골에서 태어났다. 시골이 고향이다. 하지만 3명의 친구들 모두는 고향인 시골에서 살지 않고 현재는 서울에서 산다.

이 글은 한 문장 안에 같은 단어가 중복되지는 않아. 하지만 이어지는 문장에서 같은 단어가 반복해서 나오지. '시골'과 '고향'이 세 번, '친구들'이 두 번씩 나와.

문장을 간결하게 끊으려고 중복 단어를 썼겠지만 잘 읽히지 않아. 고쳐야겠지? 먼저 '시골에서 태어났다'와 '시골이 고향이다'는 같은 뜻이야. 태어난 곳이 고향이잖아. 이 표현은 하나로 통일하자. 뒤에 나오는 '친구들'은 대명사로 대체하는 거야. 어떤 게 있을까? '그들'이 있지. 우리말은 수와 사람 중 무엇을 먼저 쓴다고 했지? 사람이야. '3명의 친구들'은 '내 친구 3명'으로 바꾸자.

이렇게 중복된 단어를 빼면 다음처럼 깔끔한 문장을 만들 수 있어.

➡ 내 친구 3명은 고향이 시골이다. 하지만 그들은 현재 서울에서 산다.

같은 단어가 이어지면 문장이 지루해지고 탄력도 떨어져. 같은 단어를 반복하지 않으려면 어떡해야 할까? 반복된 단어를 하나만 쓰고 나머지는 지우는 거야. 명사를 대신하는 대명사로 바꾸는 방법도 있지.

한 번 쓴 단어는 다시 쓰지 않겠다고 생각하면서 글을 써 가는 습관을 들이렴. 그렇게 하다 보면 자연스럽고 풍부한 표현을 쓸 수 있어.

비슷한 단어를 찾다 보면 어휘력도 쑥쑥 늘어나지. 겹쳐 나오는 단어만 다른 걸로 바꿔도 글이 몰라보게 좋아질 거야.

이번엔 좀 긴 글을 볼까?

- 내 생일에 온 가족들과 함께 저녁밥을 먹었다. 우리 가족들은 생일 며칠 전에 다 함께 저녁을 같이 먹자고 약속했다.
  나와 동생은 밖에 나가 밥을 먹자고 부모님들께 말했다. 부모님들도 좋다고 하셨다. 우리 가족은 저녁밥을 먹기 위해 밖으로 나갔다. 식당은 참 많았다. 우리는 피자를 먹을지, 베트남 쌀국수를 먹을지, 삼겹살을 먹을지를 놓고 고민했다.
  동생은 내 생일이어서 내가 먹으러 갈 식당을 결정하라고 했다. 나는 저녁을 먹으러 삼겹살집으로 가자고 했다. 하지만 삼겹살은 맛이 별로 없었다. 그렇지만 가족들과 오랜만에 함께 저녁밥을 같이 먹어서 기분이 좋았다.

➡ 내 생일에 온 가족과 저녁을 같이 먹었다. 우리 가족은 생일 며칠 전에 다 함께 식사를 하자고 약속했다.
  나와 동생은 밖에서 외식하자고 부모님께 말했다. 두 분 다 좋다고 하셨다. 모두 저녁을 먹기 위해 밖으로 나갔다. 밥집은 많았다. 우리는 피자, 베트남 쌀국수, 삼겹살을 놓고 고민했다.
  동생은 생일인 사람이 결정하라고 했다. 나는 삼겹살집으로 가자고 했다. 고기는 맛이 별로였다. 그렇지만 가족과 함께 오랜만에 저녁 식사를 하게 돼 기분이 좋았다.

두 글을 비교해 보면 내용은 똑같아. 그런데 처음 글은 중복 단어가 많지. 다음 문장은 중복 단어를 줄이려고 의식적으로 애쓴 글이야.
어떠니? 첫 번째 글보다 두 번째 글이 더 정제된 느낌이지? 글이 훨씬 더 매끄러워졌어. 의미도 더 명확하게 전달되는 편이야.
멋진 글을 쓰려고만 하지 말고, 중복 단어를 바꾸는 것만으로도 명료한 글을 쓸 수 있어.
문단에서도 마찬가지야. 한 문단에서 4~5개 단어가 중복되면 곤란해. 의미 전달에 문제가 없다면 빼는 편이 좋아.

숨은 중복 동사 찾기

어느 날 뷔페에 갔다고 가정해 보자. 그곳에서 먹은 음식을 글로 써 보는 거야.

- 나는 어제 뷔페에 가서 게를 <u>먹었다</u>. 김밥도 <u>먹었다</u>. 떡볶이도 <u>먹었다</u>. 갈비도 <u>먹었다</u>. 잡채도 먹었다. 초밥도 <u>먹었다</u>. 탕수육도 <u>먹었다</u>. 스파게

티도 먹었다. 피자도 먹었다. 치즈 케이크도 먹었다.

'먹었다' 란 서술어가 연이어 나오지. 주어가 중복되지 않았지만, 서술어는 너무 많이 중복됐어. 위 글은 '먹었다' 가 눈에 쉽게 띄지만 그렇지 않은 경우도 있어.

• 우리는 살아가면서 남의 도움을 많이 받으며 살고 있다.

이 문장에서 같은 서술어 두 개가 연이어 나와. '살아가면서' 와 '살고 있다' 가 그것이지. 둘 중 하나는 생략해도 돼.

➡ 우리는 살아가면서 남의 도움을 많이 받는다.

앞에 나오는 '살아가면서' 를 남겨 두려면, 뒤에 나오는 서술어를 없애면 돼.

➡ 우리는 남의 도움을 받으며 살아가고 있다.

앞에 나오는 '살아가면서' 를 빼고 뒤에 나오는 서술어만 살리는 방법도 있어.

이처럼 중복되는 서술어는 빼야 해. 또 다른 방법은 다른 동사로 바꾸는 거야.

- 나는 영화를 본 뒤 집으로 가는 길에 줄거리에 대해 생각했다. 특히 주인공의 드라마틱한 삶에 대해 곰곰이 생각해 보았다.

여기서도 '생각하다'가 겹쳐 나오지. 두 문장에서 서술어 하나를 지우고, 한 문장으로 만들 수 있어. 그러면 문장이 너무 길어지지. 이런 경우엔 '생각하다' 하나를 다른 동사로 바꾸면 돼.

➡ 나는 영화를 본 뒤 집으로 가는 길에 줄거리를 생각했다. 특히 주인공의 드라마틱한 삶을 곰곰이 되짚어 봤다.

'생각하다'와 뜻이 비슷한 '되짚었다'로 고치면 서술어 중복을 피할 수 있어.

- 그는 회사에 가다가 우산을 안 갖고 온 것을 알고 집에 갔다가 우산을 갖고 회사로 가는 버스를 타고 갔다.

'갔다'가 네 번이나 나와. '갖다'도 두 번 중복됐어. 중복 단어를 없애 보자.

➡ 그는 출근길에 우산을 빼놓은 것을 알고 집에 들러 우산을 챙긴 뒤 회사로 가는 버스를 탔다.

'회사에 가다'는 '출근길'로 바꿀 수 있어. '안 갖고'는 '빼놓은'으로 교체하자. '집에 갔다가'는 '집에 들러'로, '우산을 갖고'는 '우산을 챙겨'로 고치면 돼. '버스를 타고 갔다'는 앞에 '회사로 가는 버스'가 나오니 '버스를 탔다'로 간결하게 끝맺자.

이처럼 서술어가 중복될 때는 쓸데없는 서술어를 없애 주렴. 생략하기 힘든 서술어는 다른 서술어로 바꾸면 돼. 복잡해 보이지만 줄이거나 바꾸고 나면 문장이 가벼워진단다.

같은 뜻의 서술어가 이어지는 문장도 있지. 하나만 써도 뜻을 전할 수 있다면 주저 말고 나머지 하나를 지우는 게 좋아.

- 생강차는 감기 치료를 위한 민간요법으로 옛날부터 <u>이어져</u> <u>내려오고</u> 있다.

이 문장에서 '이어져'와 '내려오고'는 같은 뜻의 서술어야.

➡ 생강차는 감기 치료를 위한 민간요법으로 이어지고 있다.
➡ 생강차는 감기 치료를 위한 민간요법으로 내려오고 있다.

철학자 도올 김용옥은 동사 표현을 많이 쓰라고 이야기해. 동사는 움직이지만 명사는 움직이지 않는 표현이기 때문이야. 명사를 많이 쓰면 문장에 힘이 없지만 동사를 많이 쓰면 문장이 움직이고 결국 감동을 준다는 거지. 하지만 동사를 잘못 쓰면 도리어 문장 힘이 떨어질 때도 있어.

- 그 공장은 지난해부터 라면을 생산하기 <u>시작했다</u>.

'시작했다'는 특별한 의미 없이 자주 쓰는 서술어야. 처음으로 하는 일이 큰 의미가 있을 때 쓰는 게 아니라 의미 없이 쓰는 경우가 많아.

➡ 그 공장은 지난해부터 라면을 생산했다.

다음 문장에서 '버렸다'는 의미가 없어. 마찬가지로 지워 보렴.

- 그는 그녀를 기억에서 지워 <u>버렸다</u>.
➡ 그는 그녀를 기억에서 지웠다.

웨딩마치와 백년가약

　지금까지 우리는 주어와 서술어가 중복된 문장을 간결하게 고치는 방법을 알아봤어. 또 다른 중복도 있어. 우리말과 한자를 중복하거나 우리말과 영어를 중복하는 경우야. 같은 뜻인데도 단어가 다르기 때문에 무심코 넘어가곤 하지. 읽어도 문제가 없다고 느끼는 거야.

- 송송 커플은 <u>웨딩마치</u>를 울리며 <u>백년가약</u>을 맺었다.

　웨딩마치는 '결혼행진곡'이란 뜻으로, '웨딩마치를 울리다'는 '결혼한다'는 뜻이야. 백년가약은 사전에서 찾아보면 '부부가 되어 평생을 같이 지낼 것을 다짐하는 아름다운 언약'으로 나와. '결혼한다'는 뜻이지. 이 문장은 '결혼했다'는 사실을 영어와 한문 표현으로 거듭 썼어.

➡ 송송 커플은 웨딩마치를 울렸다.
➡ 송송 커플은 백년가약을 맺었다.

　이렇게 하나만 골라 쓰면 돼.

- 선거를 앞두고 <u>인기 영합적</u>인 <u>포퓰리즘</u> 정책이 쏟아졌다.

포퓰리즘은 '대중의 견해와 바람을 대변한다고 주장하는 정치 형태'를 의미해. 포퓰리즘 앞에 나오는 '인기 영합'과 같은 뜻이지. 물론 포퓰리즘을 모르는 사람이 있을 수 있어. 그런 사람을 위해 설명해야 한다면 어떻게 해야 할까? 포퓰리즘을 모르는 사람에겐 '인기 영합적인 포퓰리즘'이라고 설명해도 무슨 뜻인지 모를 거야.

그럴 경우엔 사전에 나오는 뜻을 글에서 풀어 주는 게 좋아. '포퓰리즘은 대중의 견해와 바람을 대변한다고 주장하는 정치 형태를 뜻하는 말이다.' 이렇게 말이야.

다음 문장을 볼까?

- 책은 과거와 미래를 이어 주는 링크 역할을 한다.

'이어 주다'와 '링크'는 같은 의미잖아. 같은 단어를 중복해 쓰면 문장이 지루해지듯, 같은 뜻을 나타내는 단어를 겹쳐 써도 문장이 헐거워져.

➡ 책은 과거와 미래를 이어 주는 역할을 한다.

이렇게 중복해 쓰는 문장은 영어뿐만 아니라 한자어도 있어.

- 한전은 하루 평균 3만~4만kWh 전기를 송전했다.

이 문장에도 중복 표현이 있지. 찾았니? 실마리는 '송전'에 있어. '송전送電'은 발전소에서 만든 전기를 변전소로 보낸다는 뜻이야. 송送은 '보내다'라는 뜻의 한자야. 전電은 '전기'를 의미하지. '송전했다'에 '전기를 보냈다'라는 뜻이 담겨 있는데, 이 문장에서는 '전기를'이라는 중복 표현을 쓴 거지.

➡ 한전은 하루 평균 3만~4만kWh를 송전했다.

'송전'이라는 단어 뜻을 알고 있으면 좀 더 쉬운 우리말로 친절하게 쓸 수 있겠지.

➡ 한전은 하루 평균 3만~4만kWh를 발전소에서 전기를 만들어 변전소로 보냈다.

다음 문상노 우리밀과 힌자이기 중복돼 있어.

• 버스커 버스커 〈벚꽃엔딩〉이 1년에 벌어들이는 수익은 얼마일까?

이젠 눈에 띄지? '벌어들이는 것'과 '수익'은 같은 뜻이야. 수익收益은 이익을 거두어들인다는 의미야. 한자어를 살리려면 이렇게 고칠 수 있겠지.

➡ 버스커 버스커 〈벚꽃엔딩〉의 1년 수익은 얼마일까?

우리말을 살리려면 어떻게 고칠 수 있을까?

➡ 버스커 버스커 〈벚꽃엔딩〉은 1년에 얼마를 벌어들일까?

또 다른 문장을 살펴보자.

• 12월달에는 크리스마스가 있어 선물을 주고받는다.

12월달이 문제야. 월月은 한자어고 달은 우리말이야. 두 개를 모두 쓸 필요가 없지.

➡ 12월에는 크리스마스가 있어 선물을 주고받는다.

다음 문장은 뭐가 잘못됐을까?

• 국민 과반수 이상이 찬성한다는 여론 조사 결과가 나왔다.

과반수過半數는 '절반이 넘는 수'라는 뜻이야. 이상以上은 '수나 정도'가 일정 기준보다 더 많을 경우에 쓰는 말이지. 다시 말해 '과반수' 안에 이미 '이상'이 포함돼 있어.

➡ 국민 과반수가 찬성한다는 여론 조사 결과가 나왔다.
➡ 국민 반 이상이 찬성한다는 여론 조사 결과가 나왔다.

이런 중복 표현을 왜 쓰는 걸까? 보통 강조하려는 의도로 사용해. 또는 한자어 뜻을 정확하게 몰라서 쓰는 경우도 많지. 잊지 말자, 중복 표현을 피하는 게 좋은 글쓰기의 첫걸음이야.

만만찮은 조사

조사는 체언이나 부사, 어미에 붙어 그 말과 다른 말과 문법 관계를 나타내거나 뜻을 돕는 품사야. '이/가'는 주격조사야. '은/는'을 주격조사라고 알고 있는 사람이 많은데 사실 보조사야. 주어뿐만 아니라 다른 곳에서도 많이 쓰여.

> 밥은 먹었니?

이 문장은 원래 '밥을 먹었니?'로 바꿀 수 있어. '먹었니'는 목적어가 필요한 동사야. 그런데 '을'을 쓰지 않고 '은'을 썼지. 강조하기 위해서지. '밥은 먹었니?'는 '밥을 먹었니?'보다 훨씬 뜻이 강해. 몇 끼 굶어 보이는 사람에게 쓸 만한 표현이지.

> 학교에서는 공부를 해야 한다.

이 문장에서 보조사 '는'은 부사어에 쓰였어. '학교'에서 공부해야 한다는 사실을 강조하기 위해 '학교에서는'이라고 쓴 거지.

> 책을 많이 읽지는 못했다.

'읽다'라는 서술어(동사)에 보조사 '는'을 붙였어. '많이 읽지 못했다'는 의미를 강조하려는 거지. 책을 어느 정도 읽기는 했지만, 많이 읽지 못했다는 걸 표현하고 있어.
  이처럼 보조사 '은/는'은 강조하기 위해 써. 또 다르게는 차이나 대조를 나타낼 때도 활용하지.

> 아빠는 신문을 보고, 엄마는 책을 읽는다.

여기서는 아빠와 엄마를 대조하기 위해 '은'을 썼지.
  우리말은 조사가 발달했어. 조사는 미묘한 어감 차이를 보여 주지.

다음 두 문장을 비교해 볼까.

> 나는 신촌에서 철수를 만났다.
> 나는 신촌에서 철수와 만났다.

거의 같은 문장이지. 차이가 있다면 조사 한 글자('와', '를')뿐이야. 그런데 이 문장은 뜻에서 좀 더 큰 차이를 보여.
 '나는 신촌에서 철수를 만났다'는 내가 철수와 약속을 하고 만났다는 느낌을 주지. '나는 신촌에서 철수와 만났다'는 내가 신촌에 갔다가 우연히 철수를 만났다는 의미가 강해.
 '을'이 목적격으로 쓰였고, '와'는 부사격으로 쓰였지. 목적어가 부사어보다 좀 더 중요하기 때문에 그런 느낌이 드는 거야.

> 동생이 책을 읽고 있었다.
> 동생은 책을 읽고 있었다.

이 두 문장도 거의 같잖아. 다만 앞 문장은 주격 조사 '이'를 썼고, 두 번째 문장은 보조사 '은'을 썼지. '동생이 책을 읽고 있다'는 동생이 단순히 어떤 행동을 하고 있다는 것을 보여 줄 뿐이야. 책을 읽고 있는 사람이 엄마나 아빠가 아닌 동생이라는 사실을 별 느낌 없이 알려 주지. 주어보다 서술어를 좀 더 강조하는 느낌이야.

반면 '동생은 책을 읽고 있다'는 주어를 강조하는 문장이야. 다른 사람이 아닌 '동생'이 책을 읽는다는 거지. 책을 안 읽던 동생이 어느 날 갑자기 책을 읽을 때 쓸 수 있는 표현이야. 앞에서 이야기했듯 '은/는'은 주어를 강조하는 조사야.

지금까지 조사가 어떤 것인지를 알아봤어. 조사의 뜻과 특성을 잘 활용하면 글을 훨씬 더 풍부하게 쓸 수 있어. 명사와 동사를 겹치지 않게 써야 하듯 조사도 겹치지 않게 쓰는 게 좋아.

- 서울로 이사를 오면서 공부를 하기 시작했다.

이 문장은 조사 '를'을 반복해 썼지. 불필요한 조사는 지우자.

➡ 서울로 이사를 오면서 공부하기 시작했다.

'공부를 하기'를 '공부하기'로 고쳤어.

- 나는 그녀를 처음 본 순간부터 사랑을 했다.

조사 '를'과 '을'을 반복해 썼잖아. 연이어 나오는 조사 '을/를' 중 하나 지우자.

➡ 나는 그녀를 처음 본 순간부터 사랑했다.

다음 문장을 보자. 주격 조사 '가'와 '이'가 연이어 나와.

- 그 학교가 교실이 크다.
➡ 그 학교는 교실이 크다.

이 문장을 이렇게도 고칠 수 있지 않을까?

➡ 그 학교의 교실이 크다.

하지만 '의'는 일본어 투라고 했지. 가능한 한 피하도록 하자.

➡ 그 학교 교실은 크다.

이 표현이 더 우리말답지. 다음 문장도 마찬가지야.

- 그가 눈이 참 예뻐.
➡ 그의 눈이 참 예뻐.
➡ 그는 눈이 참 예뻐.

'그 학교는 교실이 크다'와 '그는 눈이 참 예뻐'라는 문장은 공통점이 있어. 문장에서 주어가 두 개지. 이를 이중 주어라고 해. 보통 문장은 주어와 서술어가 각각 한 개씩이야. 그렇지만 우리말에는 이렇게 주어가 두 개인 문장이 있어.

- 동생은 엄마에게 받은 돈으로 산 것으로 이야기했다.

한 문장 안에 '으로'라는 조사가 두 번에 걸쳐 나오잖아. 같은 글자로 된 조사를 연속으로 반복하면 문장이 쉽게 읽히지 않아. 겹쳐 나오지 않게 다른 표현으로 고쳐 보자.

➡ 동생은 엄마에게 받은 돈으로 샀다고 이야기했다.

다음 문장은 '은'과 '는'이 네 번이나 겹쳐 나와.

- 나는 초등학교까지는 혼자 있을 때는 책은 읽지 않았다.
➡ 나는 초등학교까지 혼자 있을 때 책을 읽지 않았다.

조사도 한 문장 안에서 되도록 겹쳐 쓰지 않는 게 좋아. 문장 안에 같은 조사가 나오면 다른 걸로 바꾸는 습관을 들여 보렴.

Q&A

Q 퇴고는 꼭 해야 하나요?

A 중국 당나라에 가도賈島라는 시인이 있었어. 나귀를 타고 수도 장안長安으로 가면서 시를 쓰고 있었지.

'스님이 달 아래 문을 민다.'
'스님이 달 아래 문을 두드린다.'

가도는 시 마지막에 2개를 놓고 고민했어. '민다'는 뜻의 퇴推를 써야 할지, '두드린다'는 뜻의 고鼓를 써야 할지를 놓고 결정하지 못한 거야. '밀다'라고 해야 할지, '두드리다'라고 해야 할지 결론을 내리지 못해 계속 '퇴, 고, 퇴, 고…….' 두 글자를 중얼거렸지.

때마침 당나라에서 높은 관직에 있던 한유韓愈가 그 길을 지나고 있었어. 가도는 생각에 빠져 한유의 행차 대열을 미처 피하지 못하고 그대로 부딪히고 만 거야.

가도는 한유 앞에 불려오게 됐어. 한유는 가도의 말을 듣고 나서 혼을 내기는커녕, "'두드리다敲'로 하는 것이 좋겠소!"라고 제안했다고 해.

이때부터 퇴고는 다시 읽어 가며 문장을 다듬고 고친다는 뜻으로 쓰이고 있어. 좋은 글은 단번에 나오는 것이 아니라, 가도처럼 여러 번 생각하고 고쳐야 한다는 거지.

글을 쓰는 사람들은 여러 번 퇴고를 거쳐. 헤밍웨이도 《무기여 잘 있거라》를 39번 고쳐 썼어. 톨스토이는 《안나 카레니나》를 너무 많이 고쳐 초고 형태를 알 수 없을 정도였다고 해. 퇴고는 '창조적 파괴'인 셈이지. 이런 과정을 거쳤기에 이런 작품들이 고전이 될 수 있었겠지.

참, 한유는 왜 '두드리다'를 쓰라고 했을까? 왜냐하면 스님이 절간 문을 두드리고 있다고 하면 달밤의 적막함을 더욱 잘 드러낼 수 있기에 그런 거지. '밀다'로 하면 그런 효과를 내지 못했을 거야.

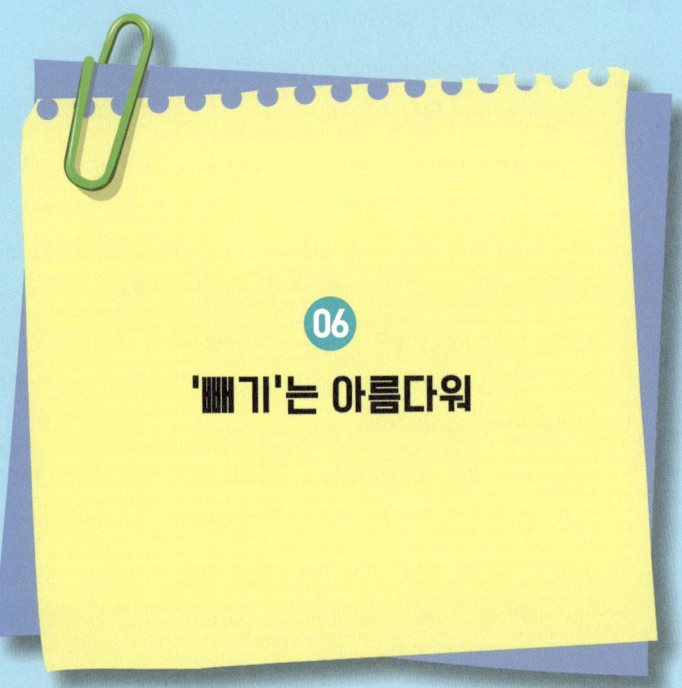

06

'빼기'는 아름다워

행복감 - '감' = 행복

우리말 '접사'는 다른 단어에 붙어 뜻을 풍부하게 하거나 품사를 바꾸는 역할을 해. 접두사는 어근 앞에 붙어서 특정한 뜻을 더하거나 강조하면서 새로운 말을 만들어.

진달래와 개나리에서 '진'과 '개'는 접두사야. 진달래는 '달래'에 접두사 '진'이 붙은 거야. 개나리는 '나리'에 접두사 '개'가 붙은 거지. 좋고 진한 것에는 '진'을, 좋지 않고 질이 떨어지는 것에는 '개'를 붙여.

'진달래'는 들에 피는 달래 꽃보다 더 좋은 꽃이라는 뜻으로 '진'이 붙은 거야. 반면 나리꽃은 원래 '백합'을 가리키는 말이야. 그런데 백합보다 작고 좋지 않은 꽃이라고 해서 '나리'에 '개'를 붙여 개나리라고 부르지.

접미사는 어근이나 단어 뒤에 붙어 새 단어를 만들어. 접미사는 '뭔가 많거나 심한 사람'을 뜻하는 '꾸러기'(장난꾸러기, 잠꾸러기), 뭔가 지키는 사람을 뜻하는 '지기'(등대지기, 문지기), 수와 양을 뜻하는 '짜리'(다섯 살짜리, 얼마짜리) 등 셀 수 없을 정도로 많지.

이 중 감정을 뜻하는 접미사가 '감'이야. 주로 '감'은 감정을 뜻하지 않는 단어에 감정을 불어넣기 위해서 쓴단다. '책임'은 '맡아서 해야 할 임무나 의무'를 뜻하지. 어떤 일에 책임을 느낄 때 '감'을 붙여 '책임감'이라고 쓰면 돼.

그런데 '감'을 너무 무분별하게 쓰는 경우가 많아. 행복감, 불행감,

불안감, 불만감, 초조감, 절망감 등은 흔히 쓰는 말들이지. 여기서 감을 하나씩 빼 보렴. 행복, 불행, 불안, 불만, 초조, 절망……. 어때? 굳이 '감'을 넣어 쓸 필요가 없지. 감정을 나타나는 말에는 굳이 이 접미사를 넣지 않아도 되는 거지.

예를 하나 들어 보자.

- 우리의 기대감은 한 번도 어긋난 일이 없다.
- 사장은 올해 입사한 신입 사원들에 대한 기대감이 컸다.

두 문장 모두 '기대감'이 들어가 있지. 기대^{期待}는 '어떤 일이 원하는 대로 이루어지기를 바라면서 기다림'을 뜻해. 굳이 '감'을 붙일 필요가 없어.

➡ 우리의 기대는 한 번도 어긋난 일이 없다.
➡ 사장은 올해 입사한 신입 사원들에 대한 기대가 컸다.

감을 모두 빼 버리는 편이 더 낫지.

- 그는 너무 경솔했다는 후회감이 치밀었다.
- 다른 사람의 도움을 받을 걸 그랬다는 후회감이 생겼다.

'후회감'은 사전에도 없는 말이야. 여기서도 감을 빼렴.

➡ 그는 너무 경솔했다는 후회가 치밀었다.
➡ 다른 사람의 도움을 받을 걸 그랬다는 후회가 생겼다.

'성'은 '진정성' 있게

- 대선 후보들은 절박한 심정으로 진정성 있는 모습을 보여 주려고 노력했다.

최근 정치인들 사이 또는 언론에서 자주 나오는 말 가운데 '진정성'이 있지. 명사 '진정眞情' 뒤에 '성질'의 뜻을 더하는 접미사 '성性'이 붙어 만들어진 말이야. 보통 '거짓 없는 참된 마음' 즉, 가식적인 허위가 없는 것을 일컫지.

원래 '진정성'을 뜻하는 영어 'authenticity'는 'authentikos 진짜'라는 그리스어에서 기원했다고 해. 가짜가 많은 곳에서 진짜는 '원본' 혹은 '독창성'을 의미했지. 독창성이 담긴 원본을 만들어 내는 이들을 '작가 author'라고 부른 것은 이 때문이야.

'진정성'이란 말은 국어사전에 나오지 않아. 1990년 초부터 등장했지만 그 뜻이 모호해 많은 사람이 쓰지 않기 때문이야. 정치계나 언론에서만 주로 쓰고 있잖아. 가끔 쓰이지만 그 개념이 자리를 잡지 못한 채 방황하고 있는 단어야.

접미사 '성'을 붙인 말은 우리 주위에 참 많아. 근접성, 친밀성, 가독성, 붙임성, 진정성……. 《표준국어대사전》은 '성'을 "(일부 명사 뒤에 붙어) '성질'의 뜻을 더하는 접미사"라고 정의하고 있어. 순수성은 순수한 성질, 신축성은 늘어났다가 줄어드는 성질, 창의성은 창의적인 성질이라고 할 수 있지.

그런데 이 '성'도 '감'과 마찬가지로 최근 들어 남용되고 있어. '진정성'을 다른 표현으로 고칠 수는 없을까?

➡ 대선 후보들은 절박한 심정으로 진실한 모습을 보여 주려고 노력했다.

다음 문장은 어떠니?

• 그동안 수월성 교육은 학교 간 차별화로 이어지고 있었다.

이번에도 '성'이 붙은 단어가 눈에 띄네. '수월성'도 사전에 오르지 못했어. 우리말 '수월하다'는 '까다롭거나 힘들지 않아 하기 쉽다'란 뜻이야. 순수하게 단어 뜻으로 보면, '힘들지 않고 쉽게 교육하는데 왜 학교 차별로 이어지지?'라고 생각할 수 있어.

'수월성'이라는 단어가 교육 분야에서 전문 용어로 쓰고 있기 때문이야. 이 단어는 미국의 교육 정책에서 온 'Excellence in Education'에서 비롯됐어. 한국어로 번역하면 '엘리트 교육'이 맞는 표현이야.

➡ 그동안 엘리트 교육은 학교 간 차별화로 이어지고 있었다.

이처럼 '성'은 필요하지 않은 곳에는 쓰지 말자. 남용하면 의미를 전달할 때 '정확성'을 떨어뜨리게 돼.

'적'이 적이 될 때

"촬영할 때는 오랜 시간 하다 보니 몸적으로나 마음적으로 힘들었던 게 있다."

한 걸그룹 멤버가 인터뷰에서 이런 말을 했어. '몸적', '마음적'이라는 표현을 썼지. 모두 '적的'을 붙인 거야. '적'은 한자어 뒤에 붙어 '그 성격을 띠는', '그에 관계된', '그 상태로 된'을 뜻하는 접미사야. 순우리말 접미사 '~스럽다', '~답다', '~롭다'와 비슷하지.

적은 원래 '~의 뜻'으로 쓰는 중국어 조사였어. 일본에서 쓰는 것을 우리가 따라 쓰게 된 거지. 일본은 메이지 시대 초기에 영어 '~tic'을 번역하면서 처음으로 '~적'이란 말을 썼다고 해. 영어 'romantic'을 '낭만적'으로 번역하면서 주로 쓰게 된 거지. '적'의 일본 발음은 '데키 teki'야. 우리나라에서는 개화기 잡지나 소설에서 처음으로 '적'이 등장해.

'적'이 일본에서 들어온 것이니 쓰지 말자는 주장은 현실성이 떨어지지. 이미 오랫동안 써 왔고 우리말의 일부가 됐으니 적절하게 사용하면 돼.

문제는 '적'을 습관처럼 많이 쓰고 있다는 거야. 이러한 남용은 다양한 우리말 어휘와 표현을 밀어내고 어색한 말을 만들어 내거든.

'적'을 줄이는 첫 번째 방법은 '적'을 없애는 거야.

- 그 집 남편은 아내 말이라면 <u>무조건적</u>으로 따랐다.

이 문장에서도 '무조건적'이 나오지. '무조건'만 살려 놓고 '적'을 지워 보렴.

➡ 그 집 남편은 아내 말이라면 무조건 따랐다.

훨씬 간결해졌지.

- 저출산이 불러올 <u>사회적</u> 현상은 어떤 게 있을까?

여기서도 마찬가지야. '사회적'에 나온 '적'을 지워 보렴.

➡ 저출산이 불러올 사회 현상은 어떤 게 있을까?

마찬가지로 간결해졌어. 우리가 흔히 쓰는 '경제적 문제', '정치적 관계', '국제적 문제'에서도 '적'을 모두 빼 보렴. 훨씬 더 자연스러워질 거야.

> 경제 문제
> 정치 관계
> 국제 문제

불필요한 '적'을 없애면 산뜻하고 뜻이 명확해져 이해하기 쉬운 표현이 되지. '적'이 쓸데없이 붙은 문장은 모호할뿐더러 듣는 이에게도 친절하지 않아.
'적'을 없애는 두 번째 방법은 우리말로 고치는 거야.

- 그는 <u>노골적</u>으로 그 사람 편을 들었다.

이 문장에 나오는 '노골적'에서 '적'을 빼면 문장이 이상해지지. 이 경우에는 '노골적'을 대신할 우리말을 찾아보는 거야.

'노골적露骨的'은 '숨김없이 모두를 있는 그대로 드러낸다'는 뜻이야. '드러내는'이라는 우리말을 활용해 써 보자.

➡ 그는 드러내 놓고 그 사람 편을 들었다.

이 문장을 한번 볼까.

- 폐쇄적인 사회인 북한을 개방적인 사회로 전환해야 한다.

이 문장도 '적'이 두 번이나 들어갔어. 이 문장은 '폐쇄 사회', '개방 사회'처럼 '적'을 빼도 되지만, 우리말로 고치는 편이 더 자연스러워.

➡ 닫힌 사회인 북한을 열린 사회로 전환해야 한다.

다시 처음으로 돌아가 보자.

- 촬영할 때는 오랜 시간 하다 보니 몸적으로나 마음적으로 힘들었던 게 있다.

이 문장을 자연스럽게 고치려면 어떻게 해야 할까?

'적'은 특히 순우리말과 결합하면 어설퍼져. 예를 들어 '일적으로 힘들다'라고 하면 뭔가 어색하지? '일 때문에'라고 하는 것이 자연스러워. '마음적', '몸적'도 마찬가지야. '정신적', '육체적'이란 표현은 자연스럽지만 '마음적', '몸적'은 어색해.

➡ 촬영할 때는 오랜 시간 하다 보니 몸과 마음이 너무 힘들다.

'육체적으로나 정신적으로 힘들다'와 '몸과 마음이 힘들다' 중 어느 쪽이 쉽게 와닿니? 뒤 문장이 더 금방 이해되지.

'적'이 붙으면 어려워지고 불친절한 말이 되기 십상이야. 말뜻이 명확하지 않고, 뭉뚱그려질 수밖에 없기에 읽는 이에게 모호하고 답답한 느낌을 줘.

이런 적的을 '적敵, 싸우는 상대'이라고 생각하고 되도록 쓰지 말자.

'화'는 줄여야 좋은 법

접미사 '화化'는 '어떤 현상이나 상태로 바뀌는 것' 또는 '어떤 일에 아주 익숙하게 되는 것'을 의미해. 민주화는 민주주의로 바뀌고 있다는 것이고, 도시화는 도시처럼 된다는 뜻이지.

'화'는 영어에서 동사를 명사로 만드는 접미사 '-ization'에서 나왔어. 한자를 사용하는 중국이나 일본에서 많이 사용해. '화'도 일본에서 우리나라로 들어와 '적'과 함께 한자 뒤에 많이 쓰이고 있어.

'화'는 주로 명사 뒤에 붙지만, '강하다'란 형용사에 붙어 '강화'처럼 활용하기도 해. 동사에 붙기도 하는데 '변화'는 '변하다'라는 동사에 '화'가 붙은 거야.

한자어를 동사로 바꿀 때 어떻게 할까? '하다'를 붙이지. '공부'라는 한자어에 '하다'를 붙이면 '공부하다'가 돼. '근무'라는 한자어에 '하다'를 붙이면 '근무하다'가 되고 말이야.

그런데 '화'는 동사로 바꿀 수 없는 한자어에 주로 붙어 명사를 동사로 바꿔 줘. 산업, 공업, 민주, 도시 같은 말에 바로 '하다'를 붙일 수 없지. 이때 들어가는 게 '화'야. '도시+화+하다' 이렇게 말이지. 두 단어를 이어 주는 윤활제 역할을 하는 셈이지.

문제는 '하다'를 붙여 동사로 만들 수 있는 명사에도 '화'를 붙이는 거야.

- 청년 실업률을 낮추려면 인력 수준을 높이고 경제 혁신을 <u>가속화해</u>야 한다.

'가속화하다'에서 '화'는 굳이 쓸 필요가 없어. '가속하다'라는 동사가 있기 때문이야.

➡ 청년 실업률을 낮추려면 인력 수준을 높이고 경제 혁신을 가속해야 한다.

이렇게 '화'를 빼는 게 낫지.
다음 문장도 보자.

• 비대화하고 있는 공공 부문을 축소해야 한다.

'비대화하다'라는 표현도 역시 어색해. 강대強大, 불량不良, 비대肥大 같은 한자어에는 '하다'를 붙여 쓸 수 있거든. 여기서도 '화'를 빼 보렴.

➡ 비대한 공공 부문을 축소해야 한다.

훨씬 간결한 문장으로 탈바꿈했어. '화+하다'는 꼭 필요한 경우 말고는 다른 자연스러운 말로 대체하는 것이 좋아. 안 그러면 글을 읽는 사람이 '화'낼 거야.

글쓰기 고민을 해결해 드립니다

Part 2

글 쓰는 딸,
아빠에게 묻다

01
자소서, 피할 수 없으니 즐겨라

자소서가 중요한 이유

　대한민국 고등학생은 매일 대학 입시를 고민한다. 중학생 때는 친구들과 그렇게 자주 대입을 이야기하지 않았다. 그런데 고등학생이 되니 달라졌다. 친구는 물론 부모님도 대학 이야기를 자주 꺼낸다.

　주변 환경이 바뀌면서 항상 '어떻게 해야 좋은 대학교에 갈 수 있지?' 라는 생각을 한다. 대학에 가는 방법은 크게 두 가지다. 수능을 잘 친다면 '정시 모집 입학 전형'에 지원하면 된다. 그게 아니라면 내신과 특기 활동 위주로 뽑는 '수시 모집 입학 전형'에 지원할 수 있다.

　물론 수시 전형이 쉬운 건 아니다. 내신뿐만 아니라 비교과, 각종 대회, 출결을 꼼꼼히 준비해야 하고, 자기소개서_{이하 자소서}도 써야 한다. 이 중 가장 고민한 것이 바로 자소서였다. 수시로 대학을 가려면 내신과 학생부만큼이나 자소서가 중요하기 때문이다.

어느 아나운서의 면접

　고등학교 1학년 여름방학 때 3일 동안 매일 아침 지하철 2호선 신촌역에서 내려 연세대학교까지 뚜벅뚜벅 걸어갔다. 무더운 8월이라 땀이 비오듯 흘러내리곤 했다.

이곳에 간 이유는 '고교생 미디어 캠프'에 참가하기 위해서였다. 이 캠프는 고등학생들을 대상으로 언론에 대한 이해를 넓히고 글쓰기 실력을 높이기 위해 마련됐다. 캠프에는 고교생 110여 명이 참여했다. 강사는 기자들이었다. '글, 어떻게 쓰나', 'PD라는 직업', '글쓰기 과제물 첨삭 지도', '아나운서의 세계', '자소서 잘 쓰는 법' 등의 강의가 진행됐다.

캠프에 참가한 이유 중 하나는 '자소서를 어떻게 하면 잘 쓸 수 있을까'라는 고민 때문이었다. 캠프 강의 중 이윤아 SBS 아나운서의 강의에서 자소서 쓸 때 도움이 되는 말을 들었다. 이윤아 아나운서는 연세대학교 면접 경험담을 들려주었다. '당신이 가장 창의력을 발휘한 때가 언제였습니까?'라는 질문에 대부분의 학생은 고등학교 동아리에서 창의력을 발휘해 문제를 해결해 나간 일을 말했다고 한다. 그러나 이 아나운서는 "전 네 살 때 가장 창의력이 뛰어났습니다"라고 답했다. 면접관이 이유를 묻자 이 아나운서는 "제가 네 살이었을 때 집에 혼자 있는데 나쁜 사람이 집에 들어올까 무서워 집 앞에 '개 조심'이라고 써 놓은 일이 가장 창의적이었던 것 같습니다"라고 답했다.

이윤아 아나운서가 방송국에서 아나운서 면접을 볼 때 한 대답도 흥미로웠다. 면접관이 "당신을 설명할 수 있는 단어는 무엇인가요?"라고 질문하자 이 아나운서는 "욕쟁이 할머니"라고 대답하며 다음과 같이 말했다. "저는 대학교에서 방송부 부장을 했습니다. 교내 방송부에 새로 들어오는 후배들이 조금만 힘들어지면 동아리를 나간다고 했는데 그때마다 저는 그런 후배들에게 밥 한 끼를 사주면서 격려와 조언을 해 주었습니다. 욕을 섞어 가면서요."

이윤아 아나운서는 면접에서 남들이 흔히 하는 대답을 따라 하지 않았다. 자소서를 쓰는 것도 마찬가지라고 생각한다. 자소서를 쓸 때는 남들과 다른 자기만의 장점을 보여 줘야 하니까 말이다.

과장된 문장은 신뢰받지 못해

미디어 캠프 강의 중 가장 흥미로웠던 것은 역시 '자소서 잘 쓰는 법'이었다. 강의하는 기자님이 내가 직접 쓴 자소서 예시에 첨삭을 해 주셨는데 처음엔 이렇게 써냈다.

새로 보는 사람들에게 절대로 말을 건네지 못했습니다. 심지어 친구들에게 먼저 "안녕"이라고 말하지 못합니다. 처음엔 이런 성격을 고쳐 보려고도 노력했습니다. 그러나 시간이 지나면 지날수록 이미 나의 일부가 된 성격을 고치기 어렵게 느껴졌고 성격을 바꾸려 했던 노력을 중단했습니다.

그러다 미국에서 지내는 동안 영화 〈죽은 시인의 사회〉를 보고 선생님이 되고 싶었습니다. 항상 교사가 된다면 아이들의 독특한 성격, 습관, 모습들을 발견해야 한다고 생각했습니다. 또 그 모습들이 부각될 수 있도록 학생을 잘 보듬어 주어야 하겠다고 생각했습니다. 때론 "교과서 21페이지가 쓰레기"라며 찢어 버리라고 말할 수 있는 그런 선생님이 되고 싶었습니다.

키팅과 같은 교사는 소극적이고 내성적이어서는 될 수 없다는 생각이 들었습니다. 그렇지만 지금 나의 모습을 만든 성격을 쉽게 바꾸는 것은 불가능처럼 보였습니다.

학교 봉사 시간 때문에 다움영어도서관에서 아이들에게 영어책을 읽어 주고 설명해 주는 봉사를 하게 되었습니다. 처음엔 '내성적인 성격 때문에 아이들에게 먼저 말을 걸 수 있을까'라는 불안함이 가장 컸습니다.

하지만 기다리기만 하면 아이들이 다가오지 않는다는 것을 깨닫고 먼저 아이들에게 적극적으로 책을 읽어 주려고 노력했습니다. 그러자 이젠 아이들이 먼저 책을 읽어 달라며 다가왔고 시간이 지나면 지날수록 저도 모르는 사이에 아이들에게 책을 읽어 주고 있지 않으면 어색했습니다.

그날 마음을 바꾸고 할 수 있다는 자신감으로 모든 일을 하게 되면 불가능이라는 단어는 존재하지 않는다는 것을 느꼈습니다. 현재 저는 반에서 '부부젤라'로 불릴 만큼 적극적인 성격이 되었습니다.

이 자소서를 읽고 《한겨레》 박병수 기자님은 몇 군데를 지적했다.

첫 번째 지적은 영화 〈죽은 시인의 사회〉에 대한 설명이 없다는 점이었다. 기자님은 "네가 알고 있는 것을 다른 사람 모두가 안다고 생각하지 말아라"고 말했다. 영화를 보지 않은 사람들은 잘 모를 테니 충분한 설명이 필요하다는 것이다. 왜 별명이 부부젤라인지 알 수 없다는 점도 마찬가지였다.

두 번째로 "아이들에게 책을 읽어 주고 있지 않으면 어색했습니다", "그날 마음을 바꾸고 할 수 있다는 자신감으로 모든 일을 하게 되면 불가능이라는 단어는 존재하지 않는다는 것을 느꼈습니다"라는 문장을 지적했다.

"정말 아이들에게 책을 읽어 주지 않으면 어색해? 왜 어색하지? 이 부분은 과장된 표현으로 보여. 면접관들은 매일 자소서를 몇백 개씩이나 보니까 자소서가 거짓말인지 진실인지 금세 판명할 수 있어."

사실 그 문장들은 별 생각 없이 과장하며 쓴 것이었다. 대학교수들이 자소서를 평가할 때 문장 하나하나 거짓이 있는지 과장되었는지 확인할 것이란 생각은 하지 못했다. 첨삭 지도를 받고 나자 그동안 아무 생각 없이 내 활동이나 느낌을 꾸미는 문장만을 써 왔고, 그 문장이 오히려 글의 사실성을 떨어뜨린다는 점을 깨달았다.

도대체 잘 쓴 자소서는 뭐야?

궁금해. 잘 쓴 자소서는 도대체 어떤 기준으로 평가받는 걸까? 자소서를 쓸 때마다 좋아하는 과목, 취미, 좋아하는 영화, 장래 희망 등을 설명하고 나면 더 이상 쓸 거리가 없어져. 내가 읽어도 정말 지루하고 빤한 이야기야. 다른 친구들의 자소서를 봐도 문장만 다를 뿐이지 알맹이는 비슷해. 어떻게 나만의 자소서를 쓸 수 있을까?

내 기준에 잘 쓴 글이라고 해도 아빠 같은 글쓰기 선수들에게까지 좋은 평가를 받을 수 있을까? 자소서에서 내 글솜씨를 뽐내야 하는 건지 아니면 글을 이용해 단순히 나를 표현해야 하는 건지 잘 모르겠어. 또 자소서를 평가하는 사람이 무엇을 원하는지도 궁금해.

자소서는 말 그대로 다른 사람에게 자기를 소개하는 글이야. 다른 사람에게 자신을 잘 소개하는 게 좋은 자소서의 기본이지. 너무 쉬운 답인가? 글을 쓰기 전에 항상 먼저 생각해 볼 게 있어. '내 글을 읽는 사람이 누구인가'라는 거야. 내가 쓴 글을 읽는 사람이 초등학생일 수도 있고, 대학교수일 수도 있을 거야.

그럼 자소서를 읽는 사람은 누구일까? 대학교 입학사정관이지. 입학사정관에게 내가 그 학교에 입학할 자격이 충분히 있다고 설득하게 만드는 글이 바로 자소서야.

대학 진학을 위한 실전 자소서를 쓰기는 정말 어려워. 우선 소재 찾기가 가장 힘들어. 즐겁게 고등학교를 다니지만 자소서에 나오는 질문에 답할 만큼 의미를 두고 열심히 한 활동이 많지 않았어. 배려, 나눔, 협력, 갈등을 경험한 일도 딱히 떠오르지 않았어. '그때그때 사소한 일이라도 적어 둘걸' 하고 후회돼.

그리고 내가 하고 싶은 말을 글로 쓰기가 어려워. 분명 머릿속에서 소재를 멋지게 구상해 놓았는데 막상 글로 잘 표현하기가 힘들더라고. 쓰더라도 구상한 것처럼 멋지게 표현되지 않아서 속상했어.

마지막으로 내가 쓴 사소시기 잘 쓴 건지, 아니면 어딘가 부족한 내용이 있는지, 이 질문에서 이 이야기를 하는 것이 옳은 것인지 늘 헷갈려.

최근 대학에서는 (전형별·대학별로 다르지만) 학교생활기록부(이하 학생부)와 자소서를 함께 보며 지원자를 평가하고 있어. 특히 갈수록 비중이 높아져 가는 학생부종합전형은 학생부와 자소서, 추천서 등의 내용을 연결해 종합 평가를 하지. 다시 말해 자소서는 학생부 내용을 구체적으로 검증하는 데 필요한 자료라고 할 수 있어.

학생부는 선생님이 학생의 교과·비교과 활동을 바탕으로 기재하잖아. 따라서 학생부에 기재된 활동이나 내용을 잘 파악하고 자소서를 써야 해. 그렇다고 학생부 기록을 그대로 반복하라는 말은 절대 아니야. 학생부 내용을 바탕으로 하되, 사례를 들어 자기 강점을 좀 더 구체적으로 담아내라는 의미지. 물론 윤영이가 지원할 대학 인재상과 전공 역량을 연결시키는 것도 굉장히 중요해.

무엇보다 중요한 것은 한 가지 소재라도 '솔직하게' 너의 이야기를 쓰는 일이야. 미디어 캠프에서 다른 기자분이 지도해 주셨듯이 과장하지 말고 배우고 느낀 점을 있는 그대로 써야 해.

자소서 질문은 한국대학교육협의회이하 대교협에서 매년 4월 내놓는 대입 자소서 공통 필수 문항에 대학별로 자율 문항을 추가해 만들어. 대교협에서 공통 필수 문항을 세 개 발표하고, 대학별로 자율 문항 한두 개를 추가하는 거야.

'자소서 공통 필수 문항'에 주로 출제되는 주제는 다음과 같아.

- 학업에 기울인 노력과 학습 경험
- 의미를 두고 노력한 교내외 활동
- 배려, 나눔, 협력, 리더십 등의 실천 사례와 느낀 점
- 지원자의 성장 과정
- 대학과 학과 지원 동기와 입학 후 학업 계획
- 역경이나 고난 극복 사례
- 감명 깊게 읽은 책
- 지원자의 자질 및 장단점

대교협에서는 자소서를 다음과 같이 소개해.

"자신을 소개하기 위한 글로 입시 전형 요소로 활용된다. 자기소개서는 입학사정관전형 학생부종합전형이 가장 많은 배점을 두는 항목으로 학생의 경험, 성장 과정, 진로와 적성, 가치관 등을 기술한다. 구술면접고사를 실시할 경우 자기소개서의 내용을 확인하는 경우도 있으므로 꾸미거나 거짓됨 없이 사실만을 기록하여야 한다."

윤영이처럼 모든 고등학생이 자소서를 두고 고민하고 있어. 왜 자소서에서 묻는 대로 학교생활을 하지 못했을까, 어째서 머릿속에 가득한 멋진 내용이 막상 글로는 표현되지 않을까, 자소서를 잘 쓴 걸까, 부족한 내용은 없는 걸까……. 자소서를 잘 쓰고 싶다 보니 자연스럽게 이런 고민들이 이어지

는 거야.

 시간과 비용이 정해져 있으니 대학이 지원한 모든 학생을 면접 볼 수 없잖아. 응시한 학생을 직접 보지 않고서도 경험과 특기, 가치관을 간접적으로 알아보기 위해 자소서를 요구하는 거지.

 리더십을 보여 주기 위해 꼭 학생회장이나 동아리 회장이 될 필요는 없어. 현실적으로 그 자리를 맡을 수 있는 사람은 한정돼 있으니까. 그렇지 않은 학생도 다른 경험을 바탕으로 자기 자질을 잘 드러내면 원하는 대학에 당당하게 갈 수 있어. 입학사정관들이 자소서에서 지원자의 리더십만 보는 것이 아니라 다양한 특기와 경험을 판단하기 때문이야. 이런 고민은 구체적인 사례를 보면서 풀어 나가자.

자소서 4개 문항 파헤치기

> **자소서 1번 문항(공통 문항)**
>
> 1 고등학교 재학 기간 중 학업에 기울인 노력과 학습 경험에 대해, 배우고 느낀 점을 중심으로 기술해 주시기 바랍니다. (1,000자 이내)

자소서 1번은 학업에서 부족한 부분이 무엇이었고, 어떤 방법으로 부족한 부분을 채우려고 노력했는지 알아보는 문항으로 보여. 입학사정관들이 이 문항을 통해 알고 싶은 건 내 공부 방법이 아닐까?

Before

저는 문제를 풀기 전, 개념을 확실히 해야 한다고 생각했습니다. 그리고 개념이 가장 잘 정리된 책이 교과서임을 깨달았습니다. 따라서 수업을 듣기 전에 교과서를 완벽하게는 아니지만 한번 훑어보고, 모르는 것들은 연필로 밑줄을 그었습니다.

수업을 듣고 모르는 내용을 완벽히 알아낸 후 모르는 내용을 채워 나가면서 다시 교과서를 읽었습니다. 집에 돌아와서는 교과서와 자습서와 평가 문제집과 수업 내용을 비교하며 각자의 부족한 점을 옆에 쓰면서

4번씩 읽었습니다. 4번 정도 비교해 가며 읽으면 개념이 어느 정도 잡혔습니다. 개념을 잊어버리지 않게 모든 자료를 참고해 모든 내용을 포괄하여 개념 중심으로 적었습니다.

요점 노트를 만들 때에는 나만의 방법을 사용해 가장 기억에 남도록 만들었습니다. 예를 들면 대비되는 개념은 표로 만들어 대비되는 단어로 설명하고 그래프 위주로 개념을 적었습니다. 다시 교과서를 읽은 후 이젠 교과서를 보지 않고 다시 개념들을 정리하며 적어 나갔습니다.

개념들을 적어 나가면서는 어느 부분이 헷갈렸는지 확인하고 다시 한 번 교과서를 읽은 뒤, 교과서를 보지 않고 개념 외에도 보충 설명이나 심화 내용을 적으며 정리했습니다. 교과서 외의 보충 설명이나 심화 내용은 주로 포스트잇에 짧게 적었습니다.

마지막으로 교과서를 다시 읽고 요점 내용을 쓰는 동시에 내가 선생님이 되어 반 아이들에게 수업하는 것을 상상하면서 수업하듯이 말하며 적었습니다. 학생들의 질문도 생각하면서 그 부분에 대해 더 쉽게 설명해 주기도 했습니다.

이 방식을 통해 개념을 확실히 하니까 문제를 풀면서 모르는 것이 있어도 헷갈리는 것은 많이 줄었습니다. 헷갈리는 문제들은 주로 확실한 개념에 약간의 거짓을 첨가해 학생들을 헷갈리게 하지만, 개념이 확실히 잡히니 그 문제에서 어디까지가 진실이고 어디까지가 거짓임이 보였습니다. 문제를 풀어 보며 모르는 문제들은 노트에 적어 선생님에게 모르는 부분을 물어보고 모르는 문제들의 요점 정리를 다시 했습니다.

자소서를 쓸 때는 항상 구체적으로 써야 해. 그게 바로 자소서를 쓰는 핵심이야. 내가 어떤 경험을 했고, 왜 이 대학교에 합격해야 하는지를 보여 줘야 하는 거지. 그래야 입학사정관에게 좋은 평가를 받을 수 있어.

그런데 윤영이뿐만 아니라 많은 학생이 자소서를 추상적으로 쓰곤 해. '좋고 멋진' 단어를 단순히 나열하는 경우도 흔하지. 학생들은 구체적인 자소서와 나열식 자소서를 혼동할 때가 많아. 윤영이가 쓴 자소서도 그래. 어떻게 공부했는지를 쭉 나열하는 데 그쳤어.

구체적인 글쓰기와 나열식 글쓰기는 어떤 차이가 있을까? 구체적인 자소서에는 '과정'이 잘 드러나 있어. 그렇기 때문에 많은 사례를 굳이 쓸 필요가 없어. 한 가지 사례만 들더라도 과정을 자세히 보여 주면 되니까. 다른 표현으로 말하면 친절한 글쓰기라고 할 수 있지. 자기 경험을 단순히 보여 주는 게 나열식 자소서라면, 중요한 경험을 골라 더 자세하게 설명하는 것이 구체적인 자소서야.

자소서를 구성할 때 알아야 할 것이 있어. 첫 부분을 강렬하고 인상 깊게 써야 해. 그래야 입학사정관에게 강한 인상을 줄 수 있어. 두괄식[7]처럼 도입부에 인상적인 '훅 hook'을 넣는

---

[7] 두괄식: 글의 첫 부분에 중심 내용이 오는 구성 방식.

거지. 권투 선수가 결정적인 한 방을 날리듯이 말이야.

'영웅신화' 같은 방식으로 글을 써도 좋아. 보통 영웅신화 이야기는 주인공이 도전하고, 그 과정에서 어려운 문제에 맞닥뜨려. 그 어려움을 돌파하는 과정이 이야기를 읽는 사람에게 큰 감동을 준단 말이지. 어려운 과정을 어떻게 극복했는지를 구체적으로 써 보렴. 마지막은 그 경험을 거쳐 내가 어떻게 변화했는지를 보여 주는 거야.

무엇보다 이 문항에서 너만의 호기심을 해결하고 자기 주도적으로 학습한 경험과 열정을 보여 주는 것이 중요해. 대부분 학생이 '성적' 향상에만 초점을 맞추고 단순히 오답 노트나 암기 공부법 등을 나열하지. 이는 앞서 경계하라고 했던 나열식 글쓰기처럼 변별력이 없어. 수업 시간에 배운 내용을 바탕으로 지적 호기심을 느끼게 되고 심화 학습 관련 독서, 조사, 토론 등을 이어 나간 과정을 담아 봐.

After

첫 고등학교 국어 시험에서 4등급을 받았습니다. 그래서 그 후부터 책 내용을 달달 외우며 열심히 공부했지만 3등급 이상을 벗어나지 못했습니다.

고등학교 국어 시험은 중학교와 너무 달랐습니다. 문제는 국어 공부 방법이었습니다. 수업 시간에 필기한 것을 달달 외우기만 해도 되었던 중학교 시기와는 달리, 고등학교 때는 작품을 스스로 이해할 수 있어야 했습니다.

쉽지 않았습니다. 막막하기만 했습니다. 어떻게 스스로 느끼고 이해할지 도무지 방법을 찾지 못했습니다. 시를 읽어도 느껴지는 감정을 찾기 힘들었습니다. 무엇을 말하려 하는지도 알지 못했습니다.

그러다 방학을 맞았습니다. 방학 동안 시 10편을 감상하고 느낀 점을 적어 오라는 수행평가가 있었습니다. 수행평가 때문에 시작한 것이지만 시를 천천히 읽다 보니 시어 하나하나가 어떤 뜻인지 궁금했습니다. 너무 궁금해 시인을 만나 인터뷰를 하고 싶을 정도였습니다.

예를 들어 김수영 시인의 〈눈〉을 읽은 뒤 '김수영 시인에게 눈은 어떤 의미인지' 궁금했습니다. 궁금증을 풀기 위해 스스로에게 질문했습니다. 예를 들어, 김수영 시인의 〈눈〉이라는 시를 읽고 난 뒤 '이 시에 나오는 눈은 어떤 모습일까?'라고 스스로 질문하며 그 답을 찾으려고 노력했습니다.

시를 마음으로 느끼기 위해서 시를 읽고 궁금했던 점을 적기도 했습니다. 그러다 시인은 왜 '눈 위에 대고 기침을 하자'라는 표현을 썼는지 알고 싶어졌습니다. 김수영이라는 시인을 알아보고, 그가 쓴 시를 찾아보고, 그가 살았던 시대를 거슬러 올라가며 스스로 공부했습니다.

'상징'. 이렇게 공부하며 찾은 '단어'입니다. 시에서 시어는 본래 갖고 있는 뜻뿐만 아니라 또 다른 의미로도 쓰입니다. 〈눈〉에서 김수영이 쓴 시어 '눈'의 상징은 '세상을 향한 자유의 외침'이란 뜻이란 걸 알게 됐습니다.

그 뒤부터 시를 읽을 때마다 '이건 무엇을 상징할까?', '시대 상황과 관련이 있을까?', '시인의 삶과 관련이 있을까?'라고 스스로에게 질문을 던집니다.

이렇게 시를 비판적으로 읽다 보니 시 하나하나가 자연스럽게 머리에 쏙 들어왔습니다. 스스로 시를 느끼고 질문하는 과정에서 국어와 점점 가까워졌으며, 국어 과목에서 자신감을 되찾았습니다.

> **자소서 2번 문항(공통 문항)**
>
> **2** 고등학교 재학 기간 중 본인이 의미를 두고 노력했던 교내 활동을 배우고 느낀 점을 중심으로 3개 이내로 기술해 주시기 바랍니다. (1,500자 이내)

 자소서 2번 문항을 읽고 나니 그동안 내가 열심히 한 활동들이 머릿속에 어렴풋이 지나갔어. 그런데 그 활동들을 바탕으로 어떻게 스토리를 만들어 내고 글을 써야 할지 막막할 뿐이야.

Before

저는 진로 활동을 열심히 했습니다. 교사가 되고 싶었고 진로 활동 시간에 교사와 관련한 내용을 더 알고 싶어 팀을 만들었습니다. 각 팀마다 보고서를 써야 했는데, 우리 팀은 제가 팀장을 맡았습니다.

저는 교사가 되고 싶어서 열심히 하려고 했습니다. 보고서는 진로와 관련해 조사하고 탐구한 것을 써야 했는데, 우리 팀은 교사가 해결해야 하는 문제들에 대해 조사했습니다.

저는 팀원들에게 지시하고 의견을 모으며 화합하려고 노력했습니다. 우리 팀 구성원은 대부분 여자였는데, 남자가 한 명 있어서 그 아이에게 신경 쓰려고 노력했습니다.

우리 팀 아이들은 진로 활동보다는 자습만 하려고 했지만, 최대한 팀원들의 의견을 모으고 조절해 가며 팀을 이끌었습니다. 팀장을 하면서 제일 힘들었던 점은 교육대나 사범대에 지원하는 아이들이 모였기 때문에 여학생이 많았는데, 그 가운데 남학생 한 명을 챙기는 일이었습니다.

또 아이들이 학교 시험을 진로 활동보다 더 중요시했기 때문에 아이들을 진로 활동에 적극 참여시키는 것이 어려웠습니다. 하지만 아이들을 위해 노력했습니다.

이런 활동을 통해 선생님이 되었을 때 발생할 문제들에 대해 생각하면서 대응할 수 있었습니다. 또한 교내 활동에 별 관심이 없는 아이들이 잘 참여할 수 있게 만드는 방법을 알게 되었습니다. 마지막으로 반에서 소극적으로 행동하는 아이들을 더 챙길 수 있는 리더십을 길렀습니다.

자소서에는 교내 활동에서 배우고 느낀 점을 물어보는 질문이 꼭 들어가 있지. 고등학교 활동 사항을 살펴보고 지원자가 어떤 사람인가를 알아보려는 거야.

2번은 (다른 문항도 마찬가지이지만) 특히 네가 희망하는 전공과 관련된 역량을 드러내기 좋은 문항이야. 입학사정관들은 이 문항을 통해 학생의 전공 역량과 함께 공동체 의식, 리더십 등을 주로 평가하지. 네가 스스로 찾아 노력한 활동을 소재로 삼되, 그 과정에서 겪은 시행착오도 솔직하게 담아내렴.

그런데 지금 윤영이가 쓴 글에서는 네가 어떤 사람인지를 찾을 수 없어. 소논문을 준비하는 팀장을 맡아서 열심히 했다는 점만 나열해 놓았잖아. 그리고 마지막에 뜬금없이 '리더십' 이야기를 꺼냈지.

자소서는 두괄식으로 쓰는 게 좋다고 앞서 말했지? 입학사정관은 수백 명의 자소서를 봐야 해. 첫 부분이 인상적이지 않으면 주목도가 떨어질 수밖에 없다는 말이야. 강한 인상을 주는 내용으로 글을 시작해 보렴. 그렇다고 해서 멋진 문장만을 생각하면 안 돼. 두괄식이란 주제를 앞세우는 거야.

윤영이가 쓴 글을 꼼꼼히 읽어 보면 소논문을 쓸 때 리더십을 발휘했다는 사실을 알 수 있어. 하지만 맨 마지막 부분에 '리더십'이라는 단어 하나만 써 놓았을 뿐 그 장점을 충분히 살리지 못했어. 리더십을 강조하는 문장으로 자소서 첫 부분을 시작해 보렴. 자소서 주제를 리더십으로 잡고 어떤 점에서 리더십을 발휘했는지 찬찬히 써 보는 거야. 주제가 분명해지면 제목을 정하는 데도 도움이 돼.

참, 그리고 자소서 문항마다 주어진 글자 수를 지키는 것도 잊지 마렴. 지금 네가 쓴 내용은 1,500자보다 훨씬 적구나. 자소서 쓰기를 연습할 때도 정해진 글자 수를 지켜 쓰는 습관을 들이도록 하자.

After

'좋은 리더가 좋은 결과를 만든다.'

교내 '소논문' 활동을 통해 제가 느낀 점입니다.

저는 2학년 때 같은 반 친구들 4~5명과 함께 교육을 주제로 한 소논문을 준비했습니다. 아이들의 지지로 제가 팀장을 맡았습니다.

저는 팀원들이 소논문에 관심을 갖고 열심히 참여하도록 노력해야겠다고 생각했습니다. 그래서 더 열심히 의견도 내고, 어려운 일을 책임지며 과제를 수행했습니다. 하지만 팀원들은 의견을 내려고 하지 않고, 적극적이지 않았습니다.

과제 진척도 되지 않고, 팀워크도 좋아지지 않았습니다. 제 고민은 이어졌습니다. 그러다 문제의 답을 찾기 위해 주변에서 가장 가까운 리더인 학교 선생님을 관찰했습니다.

국어 선생님께 고민을 얘기했습니다. 팀 리더가 리더십을 보여 주기 위해서는 어떻게 해야 좋을지 물어보았습니다. 리더는 어떤 일을 해야 할지를 묻는 질문에, 국어 선생님은 다른 시각으로 말씀하셨습니다. "팀 리더가 해야 할 일을 찾기에 앞서 중요한 게 있어. 팀원들을 알아야 하는 거야. 팀원들이 소극적이라고 했지? 팀원들이 제대로 의견을 내는 분위기를 만들어 보렴."

처음에는 선생님께서 말씀하신 내용이 내가 물어본 질문과 동떨어진 답이라는 생각이 들었습니다. 하지만 선생님 말씀을 곰곰이 생각하면서 저는 답을 찾았습니다. 팀원들이 더 의견을 낼 수 있도록 분위기를 만들어 보는 것이었습니다.

저는 국어 선생님 말씀을 통해 제가 해야 할 일만 생각하느라, 정작 팀원이 원하는 게 뭔지 잘 알지 못했다는 사실을 깨달았습니다. 리더가 가장 먼저 해야 할 일은, 팀원이 원하는 것을 찾고 그들의 요구와 팀의 요구를 조화해서 일을 추진해야 하는 것이었습니다.

이를 위해서는 팀원들과 꾸준히 얘기해 그들이 원하는 것을 이해하고, 오해를 풀어 나가야 했습니다. 리더의 자질 가운데 무엇보다 중요한 것은 팀원들과의 꾸준한 소통이라는 것을 자연스럽게 알게 됐습니다.

수업 시간에 국어 선생님께서는 정답을 알려 주는 대신 학생 의견을 종합해 답을 찾을 수 있도록 하셨는데, 저는 여기에서 답을 찾았습니다. 내 의견을 주장하기보다 아이들이 더 잘 의견을 낼 수 있도록 분위기를 만들었습니다.

"누가 의견 내줄 사람?", "너희는 어떻게 생각해?"라고 팀원 의견을 존중하며 일을 시작했습니다. 처음엔 소극적으로 대답하던 아이들이 나중에는 질문하지 않아도 의견을 내기 시작했습니다. 아이들이 점차 소논문에 자발적으로 참여하게 되었습니다.

하지만 또 다른 고민이 있었습니다. 한 남자 팀원이 걱정이었습니다. 교육을 주제로 모인 팀이라 여자가 4명이였고 남자는 오직 1명이었습니다. 진로 시간에 잘 참여하려 하지 않았고, 제가 따로 질문을 하지 않는 이상 말이 없었습니다.

저는 그 아이에게 먼저 "넌 어떻게 생각해?"라고 물어보았습니다. 여자 팀원들과 친해질 수 있도록 일부러 "얘들아, 이건 남자 팀원이 의견 내줄 거야"라고 말하기도 했습니다. 남자 팀원도 처음엔 쑥스러워했지만 나중에는 "이 설문 조사는 내가 해 올게"라고 말하며 적극적으로 참여하게 되었습니다.

진로 활동을 하면서 저는 좋은 리더가 되기 위해선 '나'보다 '우리'가 더 중요하다는 것을 느꼈습니다. 고민의 답은 주변에서 찾을 수 있다는 것도 알게 됐습니다.

> **자소서 3번 문항(공통 문항)**

3 학교생활 중 배려, 나눔, 협력, 갈등 관리 등을 실천한 사례를 들고, 그 과정을 통해 배우고 느낀 점을 기술해 주시기 바랍니다. (1,000자 이내)

자소서 3번 문항을 보니, 내가 실천한 사례가 너무 사소하다는 생각이 들더라. 예를 들어 '매일 선생님께서 수업하신 후에 다음 수업을 위해 칠판을 지운' 이야기는 자소서에 적기에 너무 약해 보여. 그럼 봉사 활동 사례를 써 볼까?

Before

저에겐 의미 있는 봉사 활동이 있었습니다. 바로 양로원 봉사였습니다. 봉사 활동은 양로원 청소, 할머니들 팩 해 드리기, 발 씻겨 드리기, 장기 자랑순으로 진행되었습니다.

처음 양로원 봉사를 갔을 때 할머니들과 말동무가 되는 줄만 알았습니다. 그러나 처음 한 양로원 봉사는 생각보다 힘들었습니다.

양로원 청소, 할머니들 팩 해 드리기에는 문제가 없었습니다. 그러나 발 씻겨 드리기에서 망설였습니다. 다른 사람의 발을 만지기가 싫었습니다.

처음에는 발목만 씻겨 드렸습니다. 그런데 할머니들께서는 계속해서 "고맙다", "내가 학생 때문에 호강하네!"라는 말씀을 해 주셨습니다.

안 되겠다 싶어 마음먹고 발을 만졌을 때 아무렇지 않았습니다. 오히려 뼈만 느껴지고, 탄력을 잃은 살의 발이 더 불쌍해 보였습니다. 저는 발가락 사이사이까지 씻겨 드렸습니다.

처음으로 누군가의 발을 씻겨 주는 것이 아무렇지 않은 일이라고 느껴졌습니다. 이 봉사 활동을 통해서 내가 이제껏 했던 배려 이상의 배려를 경험해 볼 수 있었습니다.

양로원에서 봉사 활동을 한 내용을 정리한 자소서네. 읽다 보니 이런 생각이 들었어. '윤영이가 봉사하러 갔지만, 오히려 할머니들께서 윤영이를 배려해 주신 게 아닌가'라고. 할머니들도 손녀딸 같은 여고생이 자신의 발을 씻어 주는데 부담스럽고 서먹하셨을 거야. 그런 부담감과 어색함을 줄이기 위해 할머니들은 연신 고맙다는 말씀을 하셨겠지.

윤영이가 봉사하러 갔지만 할머니들에게서 '배려'라는 큰 가치를 배우고 왔다고 할 수 있어. 모든 경험에는 '다르게 생각하기'가 필요해. 우리가 알고 있는 것을 뒤집어 생각해 보렴. 우리가 익숙하다고 느낀 것에서 한 발치 떨어져 생각해 봐. 그러면 우리가 보지 못한 것을 찾을 수 있어.

자소서를 쓸 때도 마찬가지야. 윤영이가 익숙하게 생각한 것을 뒤집어 놓고 보렴. 또 다른 시각, 또 다른 생각을 찾을 수 있을 거야.

After

'먼저 다가서기'

저는 할머니들께 봉사하러 갔지만, 봉사를 받은 건 오히려 저였습니다. 먼저 다가서는 게 배려의 첫걸음이라는 것을 배웠기 때문입니다.

저는 평소에 '도움이 필요한 사람을 도와줘야지'라는 생각을 하고 있었습니다. 하지만 마음뿐이었습니다. 소극적인 성격 탓에 먼저 다가가지 못할 때가 많았습니다. 양로원 봉사를 처음 할 때도 마찬가지였습니다.

그런데 할머니들께서 저에게 먼저 말을 걸어 주셨고, 손녀딸 같이 맞아 주셨습니다. 저도 할머니들께 먼저 다가가고 싶었지만, 말이 잘 나오지 않았습니다. 열심히 양로원 청소만 했습니다.

봉사 활동에는 발 씻겨 드리는 시간이 있었습니다. 처음엔 다른 사람의 발을 만지는 것이 찝찝하다고 느꼈습니다. 저는 달갑지 않은 마음으로 손을 내밀었습니다.

하지만 할머니들께서는 계속해서 "고맙다", "내가 학생 때문에 호강하네!"라는 말씀을 하셨습니다.

발을 씻겨 드리는 것을 망설였던 제가 부끄러웠습니다. 발을 씻겨 드리면서 할머니들의 마른 발이 보였습니다. 살보다 뼈가 느껴져 안쓰러운 마음이 더 들었고 할머니들께 더욱 마음이 갔습니다. 친구처럼 말동무가 되어 드리고 싶어 계속 할머니들께 궁금한 것도 여쭤 보고 질문도 많이 했습니다. 할머니들과 점심을 같이하고 노래를 함께 부르다 보니 저도 모르는 사이에 할머니들과 많이 친해졌습니다.

저는 양로원 봉사를 통해 많은 것을 느꼈습니다. 할머니들을 위해 봉사한다고 생각했지만, 오히려 제가 할머니들께 배려를 받았던 것입니다. 예전엔 도와주고 싶어도 다가가지 못하였지만 양로원 봉사를 통해 먼저 다가가 돕는 법을 배우게 되었습니다.

독후감, 책과 생각 그리고 세상

02

독후감, 어떻게 해야 잘 쓸까?

요즘 수능 국어는 지문이 꽤 길다. 하지만 문제 풀이에 주어진 시간은 너무나 짧다. 게다가 지문 내용은 정치, 철학, 예술, 과학, 기술 등 여러 분야에서 출제된다. 선생님들은 이렇게 풀기 어려운 수능 국어를 잘 치르려면 책을 많이 읽으라고 조언하신다. 독서를 꾸준히 해야 문맥을 제대로 이해하고 문제를 풀 수 있다는 것이다.

독서는 학교 수업 시간에 배운 교과 내용을 심화 학습할 수 있는 좋은 방법이기도 하다. 특히 희망하는 진로와 연관된 탐구를 하는 데 큰 도움이 된다. 이 때문인지 수능뿐만 아니라 수시에서도 많은 대학이 독서 활동을 평가에 활용하고 있다.

독후감은 이러한 독서 활동을 기록으로 남기는 방법이다. 그리고 고등학교에서 가장 자주 쓰는 글 중 하나이기도 하다. 독후감은 형식을 갖춰 쓰는 글이 아니라서 읽고 느낀 그대로 자유롭게 써 나가면 된다고 한다. 하지만 잘 모르겠다. 책을 읽은 뒤에는 줄거리를 요약해 보는 게 좋다고 들었다. 기억나는 대로 한 문장, 두 문장 쓰고 요약해 보긴 하는데 말처럼 쉽지 않다. 어떻게 하면 독후감을 잘 쓸 수 있을까?

줄거리와 느낌, 균형 잡기

독후감 쓰기가 귀찮거나 힘들 때는 줄거리를 아주 상세히 적고, 내 생각이나 느낀 점은 두 줄 이내로 쓰곤 해.

독후감을 쓰기 전에 항상 '다른 사람은 이 책 내용을 모르니까 줄거리를 설명해야 할까?' 아니면 '줄거리를 쓰기보다 이 책을 읽은 후 나의 생각이나 느낌을 써야 할까?'를 고민해. 어떤 게 맞는 걸까?

국어 선생님은 매 학기 진로와 연관된 좋은 책 3~4권을 읽고 독후감을 쓸 것을 당부하셨어. 독서 활동은 대학 입시에서도 매우 중요해. 그래서 거의 모든 학교에서 독후감 대회를 열어. 그럼 이 필수적인 독후감을 어떻게 써야 할까?

독후감 쓰기가 쉽지는 않지. 독후감 讀後感 을 한자 뜻으로 풀어 볼까? '책을 읽은 뒤 감상을 쓰는 글'이란 의미지. 즉 독후감 쓰기의 핵심은 '줄거리 요약'과 '내 생각 쓰기'야. 좋은 독후감은 이 두 가지 균형이 맞아야 해.

대부분 학생은 책 줄거리를 길게 쓴 뒤 요약을 짧게 붙이는 방식으로 독후감을 써. 줄거리를 요약하는 데 90%를 쓰고, 자기 생각은 10% 정도만 담는 거지. 하지만 줄거리만 요약하는 글은 좋은 독후감이 아니야. 글 중간중간 감상이 적절히 녹아 있어야 해.

반대로 쓰는 학생도 있지. 줄거리를 거의 보여 주지 않고 자기 생각만을 담아내는 거야. 예를 들어 줄거리는 20%만 쓰고, 나머지 80%는 감상으로 채우지. 독후감을 읽는 사람이 그 책을 안 읽었을 경우 글쓴이가 무슨 이야기를 하는지 도무지 알 수 없어.

책을 읽으면서 인상적인 부분은 밑줄을 치는 것도 좋아. 독후감을 쓸 때 그 부분을 골라 쓰면 읽는 사람에게 강한 인상을 줄 수 있어.

줄거리를 항상 먼저 소개해야 한다는 생각에서 벗어나야 해. 줄거리를 소개하면서 시작하는 글은 평범한 느낌이 들지. 인상적인 문장이나 내용으로 글을 시작하면 독자에게 신선하게 다가갈 수 있어.

책을 읽고 나서 작가에 관한 내용을 찾아보는 것도 좋아. 그 작가가 살았던 시대상이나 작가의 사상 등을 알아보는 거야. 글은 그 시대와 떼어 놓고 볼 수 없어. 작가가 왜 이런 작품을 썼는지 시대 상황과 맞춰 보면 더 좋은 독후감을 쓸 수 있지. 예를 들어 이육사, 윤동주, 김수영 같은 시인의 작품은 그 시대와 맥을 같이해.

책 주제와 내용을 우리가 살고 있는 현실과 연결해 보는 시도도 좋아. 소설 《난장이가 쏘아올린 작은 공》을 읽고 양극화 현상이라든지, 비정규직 문제 같은 사회문제에 잇대어 설명하는 것도 좋은 독후감을 쓰는 방법이야.

내가 쓴 독후감, Before & After

N.H 클라인바움, 《죽은 시인의 사회》

《죽은 시인의 사회》는 내가 꿈꾸는 직업 '교사'가 주인공인 책이라서 읽게 되었어. 독후감을 쓰면서 '교사 키팅의 훌륭한 모습을 주로 담을까', '내 생각을 많이 적을까'를 두고 고민했어. 키팅이 얼마나 좋은 교사인지 알려 주고 싶은 마음에 그의 감동적인 모습을 최대한 쓰고 싶었지. 하지만 키팅에게서 느낀 점을 글로 표현하기는 어려웠어.

Before

나는 교사의 꿈을 갖고 있기 때문에 대부분 교사에 관한 책과 영화를 접한다. 처음 《죽은 시인의 사회》를 영화로 접하고 마음이 울컥해지는 감동과 키팅 선생님에 대한 동경과 그의 수업을 듣고 싶다는 마음을 사그라뜨리려고 책을 읽었는데, 오히려 내 마음속 감동은 더욱더 구체적으로 변하였다.

나는 항상 교사가 된다면 아이들의 다르고 독특한 성격, 습관, 모습들을 발견하고 모습들을 더욱 부각시킬 수 있도록 때론 닦아 내기도, 보듬어 주기도 해야 한다고 생각해 왔다.

키팅 선생님은 "오늘을 즐겨라(Carpe diem)! 인생을 독특하게 보내라!"라고 말하며 학생들을 가르친다. 새로운 관점을 가르치기 위해 수업 중 책상에 올라서거나 교과서 21페이지가 쓰레기라며 찢어 버리라고 말하기도 한다. 난 키팅의 모습을 보고 나의 꿈을 더욱 구체화시켰다.

그의 제자 토드는 소심하고 말수가 적으며 내성적인 아이다. 키팅은 토드가 인생을 독특하게 살아가며 자신의 잠재적인 면모를 드러내도록, 토드가 원하는 것을 찾아 주기 위해 노력한다. 키팅은 자신의 시를 발표하는 시간에 부끄러워하는 토드를 보고 발표하라 하지만 토드는 할 수 없다 말했다. 키팅은 소심하고 수줍어하는 토드가 대범해질 수 있도록 눈을 가리고 자신의 감정과 생각들을 말해 보라 말한다. 그 순간 토드는 자신의 시를 발표했다.

키팅은 다른 선생님들과는 확연히 달랐다. 키팅은 공부와 명예와 돈을 더 중요시 여기는 어른들이 정해 준 길을 아무런 반박도 하지 못하고 가는 엘리트 학교의 학생들에게 처음으로 자신의 삶을 즐겁게 사는 것이 중요하다는 것을 알려 준 선생님이 아닌가 싶다. 결국 그는 학교에서 쫓겨나게 되었지만, 한 학생 한 학생의 마음속 그의 가르침은 영원히 남아 있을 것이고 그것들은 분명히 학생들의 삶을 변화시켰을 것이다.

아빠의 조언

머리에 떠올린 내용을 글로 표현하기란 쉽지 않지. 그럴 때는 가장 인상 깊게 읽은 부분을 앞세워 봐. 윤영이는 교사 키팅이 교탁 위에 올라선 채 교과서를 찢으라고 한 부분이 인상 깊었다고 했지? 그 부분을 언급하며 글을 시작하는 거야. 내가 인상 깊게 읽은 부분은 다른 사람들도 마찬가지로 느낄 가능성이 높아. 그래서 그 부분을 앞에 소개하며 글을 시작하면 읽는 사람들이 공감을 느끼기 쉽지.

주제를 어떻게 잡을지도 고민해 보렴. 소설을 읽다 보면 여러 가지 주제가 떠오를 거야. 그중 한 가지를 선택해야 해. 키팅은 아이들에게 시를 창의적으로 가르쳤고, 시를 통해 학생들이 변화하도록 만들었잖아. 그 점을 주제로 보여 주면 어떨까? 교육은 개인의 변화를 이끌어 내는 게 중요하니까. 이런 점을 반영해 다시 한 번 독후감을 써 보렴.

After

"오! 선생님! 변화를 이끌어 낸 나의 선생님!"

"오! 선장님! 나의 선장님!"

교탁 위로 올라간 한 선생님은 학생들 앞에서 우렁찬 목소리로 읊조리며 말을 이어 갔다.

"이 시는 월트 휘트먼의 시다. 그가 에이브러햄 링컨을 추모하면서 쓴 시의 일부분이다. 지금부터 내 수업 시간에는 나를 '오! 선장님, 나의 선장님!'이라고 부르면 좋겠다. 물론 키팅 선생이라고 불러도 좋다. 하지만 선장님이라고 부르면 더욱 환영하겠다."

소설 《죽은 시인의 사회》에 나오는 웰튼 아카데미는 미국에서 가장 좋은 사립 고등학교 중 한 곳이다. 미국 버몬트주에 있는 이 학교는 역사와 전통을 자랑하며 아이비리그 합격자 순위에서 늘 최상위권을 기록한다. 학생들은 부모의 가치관에 따라 의사와 변호사 같은 성공한 사람이 되기를 바라며 공부한다.

이 학교에 한 선생님이 부임한다. 키팅 선생님이다. 가슴으로 시를 읽고 온몸으로 문학을 느껴 보라고 강조하는 선생님이다. 첫 번째 문학 수업에서 아이들에게 가르쳐 준 시가 바로 휘트먼이 지은 〈오 캡틴! 마이 캡틴!〉이었다.

키팅 선생님은 틀에 박힌 수업에서 벗어난다. 학생들에게 시 교과서를 찢으리고도 한다. 이 말에 학생들은 당황한다. 소설을 읽으면서 나도 놀랐다. '선생님이 교과서를 찢으라고 하다니?' 왜 그랬는지 곰곰이 생각해 보니 그 뜻을 알 수 있을 것 같았다. 시를 알기 위해 운율, 음조를 따져야 한다는 원론이 적힌 페이지를 키팅 선생님은 '쓰레기'라고 말했다. 시를 분석하고 측정하지 말라는 이야기였다. 대신 키팅 선생님은 시 그대로의 뜻을 느껴 보라고 했다. 학생들은 키팅 선생님의 말을 알아듣고 교과서를 찢는다. 주입식 교육이 아닌 스스로 생각하는 법을 알려 주는 장면이었다.

키팅 선생님은 교탁 위에 올라서기도 한다. 다른 사람이 만들어 놓은 관점에서 세상을 보지 말고, 자신만의 시선을 찾아야 한다는 의미였다.

이런 교육으로 학생들은 변화한다. 학생들은 '죽은 시인의 사회'라는 시 모임을 만든다. 이름은 키팅 선생님이 고등학교 시절 활동했던 시 모임에서 따온 것이다. 학생들은 밤에 답답한 기숙사를 나와 동굴에서 촛불을 켜고 서로에게 시를 읽어 준다. 부모님과 선생님의 뜻대로 살아온 학생들은 처음으로 감수성을 깨쳐 가고 있었다.

하지만 이 모임에서 활동하던 한 학생이 스스로 목숨을 끊는다. 연극을 하고 싶지만 의대생이 되라는 아버지의 강요에 못 이겨 스스로 목숨을 버린 것이다. 이 일로 학교는 발칵 뒤집힌다. 결국 키팅 선생님은 학교를 강제로 떠나야만 했다.

학생들에게 마지막 인사도 하지 못하고 떠나야 하는 키팅 선생님이 자신의 짐을 찾으러 수업 시간에 들어왔을 때였다. 한 아이가 "오! 선장님! 나의 선장님!" 이라고 외치며 책상 위에 올라간다. 잇따라 다른 아이들도 책상에 올라선다. 학생들은 키팅 선생님이 문학을 가르칠 때 새로운 시선으로 시를 바라보며 보여 줬던 그 모습을 따라 하고 있었다. 주입식 교육에 시달리는 학생들에게 진정한 삶의 가치를 일깨워 준 선생님의 가르침에 답한 것이다.

사실 사람의 생각이나 가치관은 쉽게 바뀌지 않는다. 그러나 쉽게 바뀌지 않는 사람의 변화를 이끌어 내야 하는 사람도 있다. 교사가 그런 사람이다. 키팅 선생님은 '시'로 아이들의 변화를 이끌어 냈다. 교육의 목적은 학생의 잠재력과 성장을 위한 변화를 이끌어 내는 지속적인 노력이다. 키팅 선생님은 아이들의 변화를 이끌어 냈다는 점에서 교사를 지망하는 나에게 큰 롤모델이 됐다.

이 소설 마지막 페이지를 덮으면서 나 역시 키팅 선생님의 가르침을 따르고 싶다는 생각이 들었다. 나는 마음속으로 이렇게 외치고 있었다.

"오! 선생님! 변화를 이끌어 낸 나의 선생님!"

어네스트 헤밍웨이, 《노인과 바다》

소설 《노인과 바다》는 누구나 다 알고 있는 내용이라서 독후감 쓰기가 더 어렵게 느껴졌어. 어떤 부분에 초점을 맞추어 써야 할지 감이 오지 않아.

Before

멕시코 만류 해변에 살면서 조각배를 타고 혼자 고기를 잡는 산티아고 노인이 있었다. 그는 84일 동안이나 고기를 잡지 못했다. 하지만 희망을 갖고 자신과 40일을 같이한 소년이 챙겨 준 낚시 도구를 챙겨서 고기잡이를 하러 나갔다.

한동안 입질이 없다가 드디어 큰 놈이 잡혔다. 노인은 그놈을 잡으려고 온갖 힘을 다 써 보았다. 그렇지만 도저히 혼자 힘으로는 감당할 수 없었다. 그 고기가 힘이 빠질 때까지 기다리기로 했다.

산티아고 노인은 손에 쥐가 나고 몸이 아팠지만 그 고기를 잡기 위해 기도도 하고 강한 의지를 보였다. 결국 이틀 만에 큰 청새치를 잡았다. 하지만 돌아오는 길에 상어 떼 공격을 받아 뼈만 남게 된다. 노인은 지쳐 잠드는 것으로 이야기는 마무리된다.

상어 떼와 싸움에서 진 것 같지만 나는 노인이 자신과의 싸움에서 이겼다고 생각한다. 노인의 청새치는 상어 떼의 습격으로 살점이 다 뜯겨 나가 언뜻 보면 노인이 패배한 것처럼 보인다. 하지만 청새치를 이긴 것은 노인이었다. 상어 떼 습격에 나약해질 수 있었던 자신을 이겨 냈다. 그를 통해 목표 의식을 향한 정열도 느낄 수 있었다. 나는 노인이 몸 상태를 회복해 소년과 다시 바다에 나간다면 더 훌륭한 어부가 되어 있으리라 확신한다.

마지막으로 나는 책을 읽는 내내 산티아고라는 인물에게 빠져들 수밖에 없었다. 그는 누구보다 강한 의지를 지녔지만, 그만큼 정감이 많은 사람이기 때문이다. 자신이 죽인 물고기를 형제라 부르기도 하고, 그 멀고 넓은 바다에 홀로 있는 내내 바다와 구름과 바람과 하나가 되는 산티아고의 모습은 마음을 움직인다.

아빠의 조언

잘 썼구나. 주제를 잘 보여 주는 글이야. 이 소설은 산티아고 노인이 84일째 물고기를 잡지 못한 뒤 이틀 동안 청새치와 상어 떼와 사투를 벌이는 내용을 담고 있어. 노인은 잡은 고기를 상어 떼에 빼앗기고 머리와 뼈만 갖고 돌아오지. 언뜻 보기엔 패배한 것처럼 보일 수 있어.

하지만 윤영이가 쓴 것처럼 노인은 자신과의 싸움에서 이겼지. 소설에서 그런 점을 잘 뽑아냈어. 글을 새로 쓸 때 산티아고 노인의 그런 정신이 잘 드러나는 문장을 한번 뽑아 써 보렴. 네가 쓰려는 중심 생각을 독자에게 강렬하게 보여 주는 방법이야.

After

패배는 도전을 낳고, 도전은 패배에서 시작한다

"인간은 파멸할 수는 있어도 패배하지는 않는다(A man can be destroyed but not defeated)."

쿠바의 어느 섬마을, 산티아고 노인은 84일째 고기를 잡지 못했다. 그의 나이만큼이나 고기를 못 잡은 날이 이어졌다. 그에게는 더 이상 운이 따르지 않는 듯했다. 산티아고는 굴하지 않았고 85일째 날도 물고기를 잡으러 바다로 향했다. 드넓은 바다 한가운데, 낚싯줄에 묵직한 물고기가 걸린다. 자신의 조각배보다 더 긴 청새치였다.

산티아고는 낚싯줄을 놓지 않았다. 바다 한가운데서 이틀 낮밤을 꼬박 청새치와 싸운다. 드디어 길이 5.5미터, 무게 700킬로그램이나 되는 엄청나게 큰 청새치를 낚는 데 성공한다.

청새치를 배에 단단히 묶고 집으로 돌아가는 산티아고에게 상어 떼가 연이은 공격을 퍼붓는다. 산티아고는 작살과 칼로 맞서지만 달려드는 상어 떼를 이기기 쉽지 않다. 마을에 도착했을 때 그의 배에 매달려 있는 것은 살이 탱탱한 청새치가 아닌 머리와 몸통 가시만 남은 모습이다.

'산티아고는 그의 말대로 패배한 것인가?'라고 생각해 보았다.

소설에서 청새치는 목표나 희망, 꿈같은 것을 의미한다는 생각이 들었다. 그는 꿈을 이루는 듯했지만 고난(상어)이 꿈을 물어뜯어 버렸다. 그래서 아무것도 남지 않은 것처럼 보인다. 그렇다면 산티아고는 인생의 패배자, 루저일까?

"그렇지 않다"라고 생각한다. 그가 도전했기 때문이다.

산티아고는 상어 떼와 사투를 벌이면서 뱃전에서 이렇게 되뇐다.

"인간은 파멸할 수는 있어도 패배하지는 않는다(A man can be destroyed but not defeated)."

산티아고가 한 이 말은 어떤 의미일까? 파멸은 파괴되어 없어지는 것을 뜻한다. 패배는 어떤 대상과 겨뤄서 지는 것을 의미한다. 즉, 그가 한 말은 인간은 파괴되어 사라질지언정 그 어떤 것에도 지지 않는다는 굳은 신념을 보여 주기 위한 거였다. 어떤 일에 열정을 다한다면 결코 패배할 수 없다는 강한 의지를 보여 주는 것이다.

　실제로 산티아고는 자신이 탄 배보다 더 긴 청새치가 걸려들자, 작살을 던질 수 있는 거리까지 피가 흐르는 손으로 낚싯줄을 당기면서 자신의 한계를 시험했다. 이틀 동안 먹지도 못하고 싸워 기진맥진한 채 청새치에 끌려다니면서도 절대로 끈을 놓지 않았다. 손에 쥐까지 나서 제대로 움직여지지 않았지만 그는 끝까지 포기하지 않았다.

　상어 떼 역시 그를 포기하도록 만들려고 했다. 상어 떼 공격을 받아 청새치를 잃는 절망적인 상황이 닥쳤다. 하지만 그의 의지는 꺾이지 않았다. 오히려 남아 있는 힘을 다해 끝까지 자신의 꿈인 청새치를 지켜 내려고 했다.

　위기와 고난 앞에서 용기를 잃지 않은 산티아고를 보면 '패배'라는 단어가 떠오르지 않는다. 오히려 그의 행동을 보며 '도전'이 생각났다. 상어라는 고난이 찾아와 청새치라는 내 꿈을 다 물어뜯어 버려 실패로 보일 수는 있다. 하지만 그의 배에는 청새치의 머리와 몸통 가시가 매달려 있었다. 바로 그 청새치의 머리와 가시가 그의 도전 정신을 상징적으로 보여 주는 것이라고 생각한다.

　모든 사람은 자신의 꿈을 단번에 이룰 수 없다. 도전하고 실패하고, 또 도전하고 실패하고. 이런 과정을 거치고 난 다음에 꿈을 성취한다. 실패가 밑바탕이 돼 또다시 도전하고 끝내 성취한다.

　비록 결말에서 노인은 늙고 지치고 패배한 모습으로 집에 돌아와 침대에 쓰러지지만, 나에게는 그것이 오히려 영원한 승리자의 감동적인 모습으로 남았다.

정재승, 《정재승의 과학콘서트》

《정재승의 과학콘서트》를 읽고 과학에 대해서 알게 된 것들이 많아졌어. 그동안 과학이 지루하고 어려웠던 나에게 이렇게 재미있는 과학 이야기는 없었지. 그런데 막상 독후감을 쓸 때 이 책을 읽고 배운 점을 써야 할지, 과학적으로 알게 된 점을 써야 할지, 아니면 종합적으로 느낀 점을 써야 할지 고민되더라.

Before

나는 과학을 너무나도 싫어한다. 정말. 이번 과학 시험도 망했다. 과학 시험을 망친 뒤 이 책을 읽으려니 머리가 지끈거렸다.

근데 이 책은 정말 쉬웠다. 과학책에 나오는 어려운 원자, 전자, 힘의 방향이 나오지 않았다. 우리 생활 곳곳에서 발견할 수 있는 재밌는 것들이 대신했다. 주제도 다양했다.

그 중 가장 재미있게 읽었던 부분은 연필심을 스카치테이프로 찍어 내기만 하고 노벨물리학 상을 받은 사람의 이야기다. 이 사람은 정말 우연과 엉뚱한 호기심으로 노벨상을 수상했다. 또 백화점 및 도로에서 무심하게 넘어갈 수 있는 상품 배치와 산타클로스는 절대 존재할 수 없는 이유를 물리학적으로 설명하는 내용도 흥미를 끌었다.

> 이 책은 일상에서 자주 일어나는 일을 과학으로 보여 준다는 점이 흥미로웠다. 처음에 과학은 실험실에서 나오는 딱딱하고 어려운 학문이라고 생각했다. 하지만 이 책을 읽다 보니 과학은 실제 우리 일상과 밀접하게 연관되어 있다는 점을 알게 됐다.

과학, 어렵지. 아빠도 학창 시절 과학 과목은 그렇게 잘하지 못했어. 게다가 이 책은 소설처럼 스토리가 있는 게 아니어서 독후감을 쓰기 더 힘들었을 거야. 실용 책이나 비문학 책을 읽고 독후감 쓰기가 쉽지는 않아.

하지만 이런 책들도 문학작품을 읽고 글 쓸 때와 다르지 않아. 문학 책을 읽고 독후감이 잘 안 써지면 어떻게 하라고 했니? 인상적인 내용으로 시작하라고 했지. 실용 책이나 비문학 책도 마찬가지야. 책을 읽을 때 인상적인 내용으로 글을 시작하면 쉽게 풀어 나갈 수 있어. 윤영이는 이 책에서 '머피의 법칙'을 재미있게 읽었다고 말한 적이 있잖아. 운이 없다고 생각했는데 과학으로 따져 보니 그렇지 않다는 이야기 말이야. 그 내용으로 글을 시작해 보렴.

이 책은 머피의 법칙을 아주 자세히 설명하지는 않았지? 그러니까 이 법칙이 어떤 것인지 좀 더 구체적으로 찾아봐도 좋아. 꼭 책 안에 있는 내용만으로 쓸 필요는 없어. 네가 잘 알고 있거나 관심이 있는 내용과 책 내용을 합치면 더 새로운 글이 될 거야.

이 책은 어떤 점이 특징인가도 한번 생각해 보렴. 윤영이가 쓴 독후감을 읽어 보면, 일상에서 일어나는 것을 과학으로 잘 풀었다고 했잖아. 그런 내용도 흥미로우니 잘 살려 주면 좋을 것 같아.

After

다른 시각으로 일상생활에서 숨겨진 법칙 찾기

머피의 법칙(Murphy's law)은 일이 좀처럼 풀리지 않고 갈수록 꼬이기만 하는 경우에 쓴다. 일종의 경험 법칙이다. 미국 공군 기지에서 근무하던 머피(Edward A. Murphy) 대위가 1949년 처음으로 사용했다고 한다.

머피 대위는 오랫동안 전극봉 설계를 해 왔다. 전극봉은 몸에 붙였을 때 몸속 심장, 폐, 장의 상태를 알 수 있는 도구다. 전극봉을 비행기 조종사 몸에 붙이면 비행기 속도가 갑자기 빨라질 때 몸에 어떤 변화가 일어나는지 알 수 있다.

머피 대위는 전극봉 설계를 꼼꼼히 체크했다. 하지만 전극봉 실험은 실패로 끝났다. 실패 원인은 어이없게도 전기선을 연결하는 기술자가 전극봉의 전기선을 제대로 연결하지 않은 작은 실수 때문이었다.

이를 보고 머피는 "어떤 일을 하는 데는 여러 가지 방법이 있지만, 누군가는 재앙을 초래하는 한 가지 방법을 쓴다"고 말했다. 머피의 법칙은 바로 여기서 유래했다.

정재승 카이스트 교수가 쓴 《정재승의 과학콘서트》에서도 이 머피의 법칙이 나온다. 머피의 법칙 중 대표적인 게 바로 버터 바른 빵을 떨어뜨렸을 때다.

아침에 시간이 없을 때 빵에 버터를 발라 먹을 때가 있다. 그러다가 실수로 버터 바른 빵을 떨어뜨리는 경우가 있는데 그때마다 버터를 바른 부분이 아래로 떨어진다. 버터가 바닥에 떨어진 빵은 먹을 수도 없는 데다 바닥 청소까지 해야 한다. 나도 경험했던 적이 있는데 그럴 때마다 '나는 왜 재수가 없을까'라고 생각했다.

영국 BBC의 과학 프로그램 〈Q·E·D〉에서는 실험을 해 보았다. 사람들에게 버터를 바른 빵을 공중에 던져 보게 한 것이다. 그랬더니 버터를 바른 쪽이 아래로 떨어지는 경우는 50%였다. 300번을 던져 봤는데 버터를 바른 쪽이 바닥으로 떨어진 경우는 152번, 버터를 바른 쪽이 위를 향하는 경우는 148번이었다.

나는 다시 운이 없다는 생각이 들었다. 내가 떨어뜨릴 때마다 버터를 바른 쪽이 아래로 떨어졌기 때문이다. 그런데 과학은 그게 아니라는 걸 보여 주었다. 현실에서는 토스트를 위로 던지는 경우가 아니라 대부분 식탁에서 떨어뜨리거나 손에 들고 있다가 떨어뜨린다.

영국 과학자 로버트 매슈스는 식탁 높이나 사람의 손 높이에서 토스트를 떨어뜨릴 경우 토스트가 한 바퀴 회전할 만큼 지구의 중력이 강하지 않다는 걸 간단한 계산으로 증명했다. 대부분 반 바퀴만 돌고 잼이 묻은 쪽으로 떨어지는 것이다. 버터 바른 면이 바닥으로 떨어지는 머피의 법칙은 지구의 중력과 식탁의 마찰계수가 그럴 수밖에 없게 만든 법칙이었다.

이런 머피의 법칙을 알게 되면서 느낀 게 있다. 일이 안 될 때마다 '나는 왜 이렇게 재수가 없나'라고 생각하지만, 이 책을 읽으면서 그런 생각이 잘못됐다는 걸 알게 됐다. 내가 바라던 것이 이 세상에서는 상당히 무리한 요구였는지도 모른다는 생각도 들었다.

나는 그동안 열두 줄이나 길게 늘어선 계산대 앞에서 내 줄이 가장 먼저 줄어들기를 바랐고, 예측하기 어려운 일기예보가 100퍼센트 정확하기를 기대했다. 머피의 법칙은 세상이 나에게 얼마나 가혹한지를 말해주는 법칙이 아니라, 내가 그동안 세상에 얼마나 많은 것을 무리하게 요구했는가를 지적하는 법칙이었다.

《정재승의 과학콘서트》는 이처럼 일상적인 현상을 과학으로 풀어낸 책이다. 공식만 적용하면 모든 것이 해결될 것 같으면서도 동시에 너무나 어려워 보이는 과학이 실제로는 우리 일상과 굉장히 밀접하다는 점을 잘 보여 준다.

과학과 여러 학문을 넘나드는 내용도 눈에 띄었다. 이 책은 과학과 어울리지 않을 것 같은 세상 이야기를 연결해 보여 준다. 미술, 음악, 경제 같은 학문과 연결하기도 한다. 현대미술가 잭슨 폴록의 그림에 카오스 이론을 결합하고, 바흐에서 비틀스까지 사랑받는 음악 속에 숨겨진 공통

된 패턴을 보여 준다. 증권가에서 왜 물리학자와 수학자를 모셔 가는지 이유도 설명한다.

이 책을 읽으면서 내 일상에서 벌어지는 것을 과학적으로 설명할 수 있는지를 생각해 보게 됐다. 당연하다고 생각되는 사회현상을 전혀 다른 각도에서 의심해 보는 게 중요하다는 걸 느꼈다.

제롬 데이비드 샐린저,《호밀밭의 파수꾼》

나는 이 소설에서 주인공 홀든 콜필드가 굉장히 멋지게 느껴졌어. 그가 남들의 시선보다는 자신의 가치에 따라 행동하며 매순간 솔직한 모습을 보였기 때문이야. 그렇지만 이렇게 멋진 콜필드를 글로 적어 내기란 굉장히 어려웠어. 많은 수식어를 사용하여 콜필드를 빛나게 할지, 아니면 콜필드가 멋지게 느껴진 대목을 소개할지 고민했어.

Before

난 이 책 주인공 콜필드를 이해하지 못한다. 아니, 콜필드가 이해되지 않는다. 이전에 읽었던 《위대한 개츠비》 주인공 개츠비 같다. 왜 개츠비는 첫사랑의 그 여자만 좋아했는지 이해가 안 됐다.

콜필드는 보통 사람들과 다르다. 퇴학을 당하고 막연한 서부에서의 삶을 원하는, 남들과는 아주 많이 다른 아이다.

보통 사람들은 정말 중요한 것은 생각해 보려고 하지 않고, 겉으로 보이는 것만을 중요시하며 살아간다. 센트럴파크에 있던 오리가 겨울에 어디로 갔는지 아무도 궁금해하지 않는다.

콜필드는 남들이 중요하지 않게 생각하는 것을 중요하게 여긴다. 하지만 콜필드가 정말 중요한 것들에 대해 사람들에게 이야기할 때면 사람들은 그를 이상한 사람 취급을 하기도 한다. 사람들은 콜필드를 이해하지 못했다. 아니, 사람들은 콜필드를 이해하지만 자신이 그렇게 행동할 수 없기에 콜필드를 이해하지 못한다고 했을 것이다.

남들과는 다른 콜필드가 진정으로 원하는 것은 호밀밭의 파수꾼이었다. 나를 포함한 보통 사람들은 세상의 순수함을 지키는 일보다 한 치 앞의 이익에 훨씬 큰 비중을 두기에 그런 콜필드를 이해하지 못한다고 한 것이다. 이 책을 읽고 난 후 나는 콜필드를 이해하고 싶어졌다.

독후감을 쓸 때는 여러 방법이 있지. 윤영이가 쓴 독후감에서 눈에 띄는 것은 《호밀밭의 파수꾼》 주인공 홀든 콜필드와 《위대한 개츠비》의 제이 개츠비를 비교한 거야.

이 부분에 초점을 맞춰 써 보면 어떨까? 영미 소설 중에서 가장 유명한 주인공 2명을 꼽으라면 홀든 콜필드와 제이 게츠비일 거야. 게다가 두 소설 모두 시대상을 잘 반영한 작품이지.《호밀밭의 파수꾼》은 제2차 세계대전이 끝난 뒤의 미국,《위대한 개츠비》는 제1차 세계대전이 끝난 뒤 미국을 잘 보여 주고 있어.

독후감을 쓸 때 작품 하나를 깊이 있게 분석하는 것도 좋지만, 이렇게 두 작품을 비교해 보는 것도 괜찮아. 이렇게 하면 훨씬 더 입체적이고 종합적인 글을 쓸 수 있단다.

After

시대는 달랐지만 순수를 추구했던 홀든 콜필드와 제이 개츠비

여기 두 사람이 있다. 소설에서 가장 유명한 이름이다. 한 사람은 10대 소년 '홀든 콜필드', 또 한 사람은 30대 청년 '제이 개츠비'다.

먼저 소설《호밀밭의 파수꾼》의 주인공 홀든 콜필드는 명문 사립 펜시 고등학교에서 영어를 제외한 모든 과목에서 낙제해 크리스마스 직전에 퇴학을 당한다. 퇴학만 네 번째였다. 이미 여러 학교에서 퇴학당한 콜필드는 겉과 속이 다른 어른들 세계에 염증을 느낀다. 콜필드는 순수한 사람이 되고 싶어 하지만 주위에 있는 사람들은 돈, 명예 같은 것에만 집착했으며, 그는 그런 어른들 삶에 반감을 가진다. 콜필드는 퇴학 통지서가 부모님에게 전달되기 전까지 사흘 동안 뉴욕으로 가 생활한다. 하지만 뉴욕은 그가 염증을 느꼈던 사람들투성이였다.

콜필드는 아이들이 노는 호밀 들판에 서 있는 자신을 상상한다. 들판 바로 옆에는 절벽이 있다. 그는 들판에 서서 아이들이 절벽에 너무 가까이 가면 붙잡아서 절벽 아래로 떨어지지 않게 해 주려고 한다. 이런 상상을 하며 콜필드는 '호밀밭의 파수꾼'이 되기를 꿈꾼다.

콜필드는 이해하기 힘든 아이다. 많은 사람이 추구하는 좋은 집과 차, 많은 돈, 안락한 삶을 의미 없다고 생각하기 때문이다. 그런 삶을 원하는 사람은 속물이라고 낮춰 보고, 그런 삶은 자신의 삶이 아니라고 여긴다.

여기 또 다른 사람이 있다. 《위대한 개츠비》의 주인공 제이 개츠비다. 그는 가난한 자신을 버리고 부유한 남자와 결혼한 옛 연인 데이지의 곁에 있기 위해 술을 밀조해 부자가 된다. 그 뒤 데이지 집 건너편에 있는 저택을 사들여 밤마다 파티를 연다.

개츠비는 마침내 데이지와 다시 만나지만 데이지가 저지른 교통사고를 뒤집어쓰고, 교통사고로 죽은 아내의 남편에게 살해를 당한다.

제이 개츠비는 홀든 콜필드와 닮았다. 개츠비는 오로지 순수하게 한 사람만을 사랑하고 그걸 위해 모든 걸 참아 낸다. 반면 그 주위 사람들은 콜필드가 비판한 속물들이다. 특히 개츠비가 사랑한 데이지는 남자보다는 '영국제 셔츠'를 더 사랑하는 나약하고 철없는 여자다. 데이지의 남편 톰은 잔인하고 이기적인 사람이다. 개츠비가 파티를 열며 알게 된 골프선수 조던 베이커는 약삭빠른 거짓말쟁이다.

이런 속물적인 사람들과 갈등하고 부딪히는 개츠비는 왜 위대한 사람일까? 물질주의를 좇는 사람들과 살면서도 물질이 아닌 사랑 그 자체를 위해 모든 걸 던졌기 때문일 것이다.

두 주인공뿐만 아니라 두 소설 역시 닮았다.

《위대한 개츠비》는 프랜시스 스콧 피츠제럴드가 1925년에 내놓은 소설이다. 1920년대 미국은 '광란의 20년대'로 부를 만큼 번영과 환락이 극에 이른 시대였다. 1918년 제1차 세계대전이 끝나면서 그동안 억눌렸던 쾌락의 욕구가 넘쳐 났기 때문이다. 《위대한 개츠비》는 물질적으로는 엄청난 풍요를 누리게 됐지만 도덕적·윤리적으로는 타락한 미국 사회를 잘 보여 주고 있다.

제롬 데이비드 샐린저가 1951년에 쓴 《호밀밭의 파수꾼》도 미국 사회를 잘 비춰 준다. 당시 제2차 세계대전이 끝난 뒤 미국은 풍요로웠다. 제2차 세계대전 후 유럽은 전쟁으로 인한 피해 때문에 극도로 어려운 상황에 내몰렸지만, 미국은 경제 번영을 누렸다. 그때 많은 사람이 중산층이 되기 위해 교외에 집을 사고, 세탁기와 텔레비전을 사들였다. 모든 사람이 이런 하나의 목표를 향해 달려가던 시대였다. 물질적으로는 풍요의 시대였으나 정신적으로는 빈곤의 시대였다. 이 소설은 그때 미국 사회를 잘 보여 주고 있다.

이런 시대에 홀든 콜필드의 여정과 방랑은 사라져 가는 순수성을 찾기 위한 것이었다. 콜필드가 '호밀밭의 파수꾼'이 되겠다고 한 것도 속물화되는 세상에서 순수성을 지키겠다는 의도였다.

《호밀밭의 파수꾼》과 《위대한 개츠비》는 주인공을 통해 당시 시대상을 잘 보여 주는 소설이다. 소설이 처음 나왔을 때는 크게 인기가 없었으나, 지금은 미국 고등학생의 필독서로 자리 잡은 몇 안 되는 소설이란 점도 닮았다.

조세희의 《난장이가 쏘아올린 작은 공》

이 소설의 전체적인 내용도 물론 흥미로웠지만 마지막 말인 "다 죽여 버려"라는 문장에서 너무 많은 감정과 여운이 남았어. 그래서 이 감정과 여운을 독후감에 담아내고 싶었어.

Before

《난장이가 쏘아올린 작은 공》을 처음 읽었을 땐 막장이라고 생각했다. 아니 왜 "다 죽여 버려" 하고 이야기가 끝난 건지 참……. 더 보여 주지. 이 책은 정말 어려웠다. 그러나 책을 읽으면서 내게 주어진 모든 것이 감사하다는 생각이 들었다. 내 옆에 있는 사람들도 고마웠다.

하지만 사회는 너무나 차갑고 어두운 현실이었다. 키가 작다는 이유로 놀림을 받고, 돈이 없다는 이유로 고달픈 삶을 살아가고.

《난장이가 쏘아올린 작은 공》은 왠지 어두운 현실을 담고 있는 책 같았다. 현실의 어두운 면을 비판하는 것도 같았다. 마지막에 막장이라고 생각했던 "다 죽여 버려"라는 영희의 말이 계속 기억에 남는다. 사회의 어두운 면과 차가운 현실을 바꾸어 보려는 영희의 의지인 것 같아서 감동이 들었다.

나도 이런 사회를 바꾸려는 사람이 되고 싶다. 사랑으로 사람을 대하고 싶다. 《난장이가 쏘아올린 작은 공》은 어려운 책이지만 그 안에 크고 작은 여러 가지 의미가 있는 것 같다.

아빠의 조언

독후감을 쓰는 방법 중에 하나는 작가(또는 시대)를 중심에 두고 쓰는 방법이 있어. 《난장이가 쏘아올린 작은 공》은 우리나라에서 산업화가 본격적으로 진행된 1970년대와 떼어 놓고 생각할 수 없는 작품이야.

그런데 이 소설은 지금도 꾸준히 읽히고 있어. 이 소설에서 나오는 빈부 격차가 지금도 양극화란 이름으로 우리 사회에서 진행되고 있기 때문일 거야.

《난장이가 쏘아올린 작은 공》을 읽다 보니 동화 같다는 생각이 들었다고 했지? 왜 그랬는지 궁금하지 않니? 문장이 짧은 단문으로 된 것도 이 소설의 특징이지. 왜 그랬을까? 이 소설을 쓴 조세희 작가의 시각으로 독후감을 다시 써 보면 어떨까?

After

난쟁이의 시대, 헬조선의 시대에서 벗어나려면

"어느 날 나는 재개발 지역 동네에 가 당장 거리에 나앉아야 되는 세입자 가족들과 그 집에서 마지막 식사를 하고 있었습니다. 그때 철거반이 철퇴(쇠몽둥이)로 대문과 시멘트 담을 쳐부수며 들어왔습니다. 나는 그들과 싸우고 돌아오다 작은 노트 한 권을 사 주머니에 넣었습니다."

《난장이가 쏘아올린 작은 공》을 쓴 조세희 작가가 언론 인터뷰에서 한 말이다.

그는 학교를 졸업한 뒤 가장이 돼 생계를 책임져야 했다. 출판사에 취직해서 일하다 보니 문학과 멀어졌다. 직장 생활을 하던 그가 문학에 다시 관심을 돌리고 펜을 잡은 건 1974년이었다. 그때 "한 작가로서, 한 시민으로서 주어진 의무를 다해야 한다"는 생각을 했다고 한다.

《난장이가 쏘아올린 작은 공》 내용은 동화 같다. 슬픈 동화 말이다. 조세희 작가는 시대 상황을 반영하기 위해 이야기를 동화처럼, 현실과는 한발 떨어진 꿈처럼 써 나갔다. 은유와 상징을 써야 검열을 피해 갈 수 있었기 때문이었다. 그래서 사실을 보여 주지만 형식과 문체에서 동화스러운 이미지를 입혔다. '서울시 낙원구 행복동'이라는 가상 공간을 만들고, '난쟁이', '꼽추' 등을 등장시킨 것도 이런 이유에서였다.

그는 언론 인터뷰에서 이렇게 말했다. "처음 책을 낼 때는 검열에 걸리지 않고 세상에 나가 제 몫을 다할 수 있기만을 바랐어요."

소설 속 난쟁이 아버지는 도시에 사는 가난한 사람을 상징한다. 그가 '쏘아 올린 작은 공'은 가난한 사람의 작은 꿈일 것이다. 그런데 난쟁이가 쏘아 올린 공은 아무리 작다고 해도 결국 중력의 영향을 받아 떨어진다. 결국 이루어질 수 없는 꿈을 상징한다.

《난장이가 쏘아올린 작은 공》의 문장은 짧다. 딱딱 끊어진다. 소설 창작 여건 때문이었다. 조세희는 출판사에 다니면서 글을 썼다. 일하다 틈을 내 쓸 수밖에 없었다. 시간에 쫓겨서 소설을 써야 했고 회사 눈치를 봐야 했다. 이 때문에 문체는 점점 단문이 되어 갔다.

"《난장이가 쏘아올린 작은 공》단문은 아무래도 1970년대 상황의 산물이라 해야 할 것입니다. 직설이 아닌 은유와 상징을 강요했던 정치적 상황, 그리고 직장 생활을 하느라 긴 문장을 생각해 쓸 수 없었던 개인적 사정이 겹쳐서 나온 것이었죠. 단문을 쓰고자 하는 내적인 요구도 있었습니다."

조세희 작가의 말처럼 《난장이가 쏘아올린 작은 공》은 1970년대 시대상을 보여 주는 소설이다. 하지만 이 소설은 시대가 바뀌어도 계속 많은 사람이 읽고 있다. 1978년 6월 초판이 나온 뒤 2017년 4월까지 39년 동안 137만 부가 팔렸고 300쇄를 찍었다.

그 이유는 뭘까? 조세희 작가의 말이다.

"겉으로는 사회가 풍요롭고 자유로워진 것 같지만, 《난장이가 쏘아올린 작은 공》을 처음 내던 때와 근본적으로 달라진 것은 없다고 봅니다. 난쟁이 가족의 불행은 아직 끝나지 않은 거죠."

난쟁이 아버지와 대학생 지섭이 대화하는 장면은 마치 현재와 같이 다가온다. 평생 동안 열심히 일했고, 법을 어긴 적도 없고, 간절한 마음으로 기도도 올렸다고 답하는 난쟁이에게 지섭은 "그런데, 이게 뭡니까? 뭐가 잘못된 게 분명하죠? 불공평하지 않으세요? 이제 이 죽은 땅을 떠나야 됩니다"라고 말한다. 아무리 열심히 일해도 착한 사람이 살아갈 수 없는 세상이라면 달나라로 떠나야 한다는 지섭. 난쟁이 아버지는 현실에서 달나라로 가기 위해 굴뚝에 올라갔다가 결국 죽고 만다.

나는 이 부분을 읽으면서 '헬조선'이 떠올랐다. 헬조선은 '한국이 지옥에 가깝고 전혀 희망이 없는 사회'라는 뜻이다. 헬조선이라는 단어가 널리 쓰이면서 '~수저'와 같은 말도 나왔다. 기득권층은 금수저, 서민층은 흙수저로 부른다. '누구의 아들딸로 태어났느냐'로 인생이 완전히 결정된다는 것이다.

소설에서 아버지 난쟁이와 영수, 영호, 영희는 아무리 노력해도 가난에서 벗어날 수 없었다. 그들이 게을러서가 아니라 아무리 일해도 일한 만큼 대가를 받지 못했기 때문이다. 현실의 많은 젊은이도 아무리 노력해서 일한다고 한들 정규직이 되기는 힘들다고 말한다. 일을 안 해서가 아니라 일한 만큼 처우를 받지 못하고 있기 때문이다. 우리 사회의 이런 문제를 풀기 위해선 어떻게 해야 할까? 대안을 소설에서 찾을 수 있다. 난쟁이 아들 영수는 노트에 이런 내용을 적어 놓는다.

"폭력이란 무엇인가? 총탄이나 경찰 곤봉이나 주먹만이 폭력이 아니다. 우리의 도시 한 귀퉁이에서 젖먹이 아이들이 굶주리는 것을 내버려 두는 것도 폭력이다."

영수의 노트에 적혀 있는 내용처럼, 우리 사회가 가난하고 힘든 사람을 내버려 두는 것도 폭력이라고 생각하면 문제를 풀 수 있을 것 같다. 조금만 눈을 돌려 보면 우리 사회에서 '난쟁이' 가족을 어렵지 않게 찾을 수 있다. 난쟁이 가족과 같은 고통을 지닌 사람의 아픔을 우리 사회가 함께 나눈다면 우리 모두 조금씩 행복해질 수 있을 것이다.

독서 활동 일지 예시

작성자	( )학년 ( )반 ( )번 이름 ( )
독서 기간	년 월 일 ~ 년 월 일
도서명	
저자/역자	출판사

독후감

소감 요약

교사 확인	날짜 : 년 월 일 성명: (인)

※ 출처: 청담고등학교

03 가깝고도 먼 교내 글쓰기

학교에서 글쓰기가 중요한 이유

학교에 가면 평소 잘 쓰지 않는 글을 써야 하는 경우가 온다. 예를 들면 백일장에서 수필을 쓰거나 수행평가로 시를 쓰기도 한다. 특정 분야에서 글을 잘 쓰는 사람은 있지만 모든 분야의 글을 잘 쓰는 사람은 많지 않을 것이다. 하지만 학생부에 하나라도 더 기재되기 위해서는 모든 분야의 글을 잘 써야 한다.

요새 수시 비중이 커지면서 학생부가 정말 중요해졌다. 학생들은 좋은 학생부를 만들기 위해 교내 대회 하나하나에 정말 열심히 참여한다. 글짓기 대회에 나온 글들을 보면 같은 참가자인 내가 봐도 어쩜 이렇게 잘 썼을까 하는 경우가 정말 많다. 이런 상황 속에서 수상하기는 정말 힘들다.

시, 천재만 쓸 수 있다고?

빼빼로데이 풍경을 시로 담아 보았어. 빼빼로데이에는 편의점마다 참 많은 빼빼로가 쌓이지. 학교에서도 반 아이들이 빼빼로를 서로 교환해. 빼빼로데이를 앞두고는 나도 빼빼로를 많이 사는데, 아이들과 교환할 때마다 걱정이 앞서곤 해. 빼빼로를 너무 많이 먹으면 살이 찔까 봐서야. 이런 감정을 시에 담아내고 싶었어. '빼빼로'라는 단어를 반복적으로 사용해서 재미있는 느낌을 살리려고 했어. 이러한 노력이 시에 잘 담긴 걸까?

Before

빼빼로데이 풍경

빼빼로데이만 되면,
길거리에 많은 빼빼로가 보입니다.
초코에 퐁당 빠져 버린 빼빼로들,
딸기에 퐁덩 빠져 버린 빼빼로들,
아몬드가 콕콕 박힌 빼빼로들,
종류도 다양한 빼빼로들이 보입니다.

사람들은 저마다 하나씩 갖고 있던
빼빼로를 다른 사람과 주고받습니다.

사람들은 빼빼로를 좋아하고 찾습니다.
사람들은 받은 빼빼로를 먹을까? 말까? 고민을 합니다.
한입 베어 물고서는 한입을 더 먹으면 살찔까?

어떤 이는 달콤한 빼빼로가 쳐다봐도 침만 꿀꺽 삼킵니다.

아빠의 조언

시를 쓸 때는 자기 경험을 담아내면 좋아. 그래야 구체적인 내용을 표현할 수 있고, 독자의 공감을 이끌어 낼 수 있지. 빼빼로데이 풍경을 시로 담았구나. 윤영이 말처럼 빼빼로라는 단어를 반복하다 보니 빽빽한 느낌이 나면서 빼빼로 과자가 떠오르네.

빼빼로데이에 빼빼로 때문에 살이 찔까 봐 고민했던 점을 좀 더 살렸으면 해. 많은 사람이 빼빼로가 되고 싶어 하는 우리 사회 현상을 보여 주면 어떨까?

After

빼빼로는 225칼로리

길거리에 많은 빼빼로가 보입니다.
초코에 퐁당 빠져 버린 빼빼로도,
딸기에 풍덩 빠져 버린 빼빼로도,
아몬드가 콕콕 박힌 빼빼로들이
종류도 다양한 빼빼로들이 보입니다.

빼빼로들은 저마나 하나씩 갖고 있던
빼빼로를 다른 빼빼로들에게 줍니다.
빼빼로를 받은 빼빼로들은

너무 기분 좋아하지만 고민하게 됩니다.

사람들은 빼빼로를 좋아하고 찾습니다.
사람들은 받은 빼빼로를 먹을까? 말까? 고민을 합니다.
한입 베어 물고서는 한입을 더 먹으면 살찔까?
225칼로리를 쳐다보고는 수많은 고민에 잠깁니다.
달콤한 빼빼로가 쳐다봐도 침만 꿀꺽 삼킵니다.

우리나라에는 젓가락같이 빼빼 마른
빼빼로들이 걸어 다닙니다.
통통한 사람도,
너무 마른 사람도,
키가 큰 사람도,
키가 작은 사람도
다양한 사람이지만
모두가 하나같이 빼빼로처럼
마르고 싶다는 생각을 합니다.

아빠의 조언처럼 빼빼로를 통해 우리 사회 모습을 보여 주는 시로 바꾸어 보았어. 시 내용을 바꾸기 위해 빼빼로가 몇 칼로리인지 찾아보기도 했어. 시를 쓸 때도 소재와 관련한 정보를 찾아보면 새로운 주제나 아이디어를 떠올리기 좋다는 생각이 들더라.

시를 쓸 때마다 쉽지 않아. 시는 천재적인 사람만이 쓴다는 말도 들었거든. 한때는 시를 쓰는 것이 가장 쉽다고 생각했어. 특히 유명한 시인의 작품 중 짧은 시를 보면 '이걸 누가 못 써? 나도 이 정도는 쓸 수 있다'라고 생각했지. 그렇다면 단 서너 줄밖에 되지 않는 시를 어떻게 평가할 수 있는 걸까?

자, 안도현 시인이 쓴 시 한 편을 들려줄게.

> 연탄재 함부로 차지 마라
> 너는
> 누구에게 한 번이라도 뜨거운 사람이었느냐.
>
> — 안도현, 〈너에게 묻는다〉

이 시도 단 세 줄이야. 유시민 작가는 《유시민의 글쓰기 특강》에서 이 시를 설명하면서 "시인은 천재"라고 말했어. 연탄을 흔히 쓰던 시대에는 홧김에 연탄재를 발로 차는 사람들이 많았지. 그렇게 하면 연탄재가 바람에 날리다 보니 주변에서는 '왜 연탄재를 차고 난리람?' 하고 생각했을 거야. 다시 말하면 "연탄재 함부로 차지 마라"는 누구나 떠올릴 수 있는 쉬운 문장이야. 하지만 안도현 시인은 다른 상상력과 감성으로 그다음을 완성했어. 유시민 작가는 이 시를 극찬하면서 시인은 상상력과 감성을 지닌 사람이라고 이야기하고 있어.

그런데 정작 안도현 시인은 그렇게 생각하지 않았어. 오히려 '재능을 믿지 말고 자신의 열정을 믿어라'라고 말했지. 안도현 시인은 《가슴으로도 쓰고 손끝으로도 써라》라는 책에서도 천부적으로 문학적 재능을 타고난 시인은 애초에 없다고 이야기해. 또 아무리 짧은 시를 쓰더라도 소설처럼 많은 시간을 투자해 자료를 찾고 공을 들여야 한다고 말하지.

그럼 안도현 시인은 시 〈너에게 묻는다〉를 어떻게 썼을까? '익숙하고 편한 것들과 결별하며' 썼다고 해.

원래 '가을'에 대해 시를 쓰려고 했는데 어릴 적 가을 풍경에서 가장 먼저 눈에 띄는 게 연탄이었다지. 그리고 겨울 아침이면 누군가 얼어붙은 비탈길에 연탄재를 부수어 뿌려 놓곤 했대. 그때 다른 사람을 위해 일찍 일어나는 사람이 있다는 사실을 깨달았지. 즉 안도현 시인에게 연탄은 두 가지 의미로 다가온 거야.

"하나는 가을이라는 계절을 인식하는 소재로, 또 하나는 타인과의 관계를 성찰하는 상징으로 나에게 온 것이다."

안도현 시인이 이 시를 쓴 과정을 떠올려 볼까? 먼저 연탄과 자신의 경험을 생각해 봤을 거야. 시를 쓸 때 경험은 좋은 소재가 돼. 시뿐만 아니라 수필, 소설 등 모든 글쓰기가 그렇지. 그다음엔 경험을 되짚으면서 연탄이 사람에게 어떤 모습으로 다가오는지를 곰곰이 생각해 봤을 거야. 그러다가 겨울 아침 누군가 뿌려 놓은 연탄재를 보고는 '연탄'을 '다른 사람을 위한 희생'과 '이타적인 사람'으로 연결했을 거야. 그리고 이런 생각을 어떻게 풀어 나갈까 고민했을 테고. 이런 고민 끝에 나온 시어가 바로 이 시의 첫 부분이겠지.

결론적으로 시는 천재가 쓰는 게 아니라는 사실을 말하고 싶어. 자기 경험을 곰곰이 생각해 보고, 그 경험을 기존 방식이 아닌 새로운 방식으로 보여 주는 게 바로 시야. 새로운 방식이란 건 신선하게 보여 준다는 거지. 창의적으로 보여 준다는 것과 다르지 않아.

원래 '다른 사람을 위한 희생'을 상징하는 건 '촛불'이었어. 신석정을 비롯해 이미 과거 낳은 시인들이 촛불의 자기희생을 노래했지. 만약 안도현 시인도 희생을 상징하는 소재로 촛불을 활용했다면 지금처럼 많은 공감을 얻지 못했을 거야. 안도현 시인은 다른 사람이 전혀 연결하지 못했던 '연탄'과 '희생'을 하나로 묶었어. 그래서 이 시가 독창적이라고 평가받으며 많은 사람에게 공감을 얻고 있는 거야.

수필, 자유롭기에 더 어려운

중학교 때부터 수필은 내가 느끼고 생각한 이야기를 쓰는 글이라고 배웠어. 국어 시간에는 형식, 말투, 줄거리 모든 것을 자기 마음대로 쓸 수 있다고 들었지. 그런데 자유롭게 쓸 수 있다고 하니 오히려 더 어렵게 느껴졌어. 차라리 정해진 틀에 맞춰 쓰는 게 훨씬 쉬웠어.

게다가 나는 내 속 이야기를 남들에게 말하는 것을 좋아하지 않아. 초등학교 때 일기를 제출해 선생님께 검사받는 것도 너무나 싫었어. 그런데 수필을 쓰려면 내 이야기를 솔직히 써야 하잖아. 그래서 난 어떤 글보다 수필이 제일 어렵고 싫었어.

하지만 막상 수필을 쓰다 보니, 내 감정에 솔직해지는 점이 좋았어. '나조차도 솔직한 내 모습을 잘 모르고 있었구나'라고 깨달은 거지.

그리고 '수필을 쓸 때 사소한 이야기라서 다른 사람들이 지루해하면 어쩌지?', '이런 감정은 이해할 수 있을까?'라는 고민을 가장 많이 했어.

수필은 자유롭게 쓰는 글을 말하지. 자유롭게 쓸 수 있다 보니 다른 종류의 글에 비해 자신의 이야기가 많이 들어가. 수필을 잘 쓰려면 우리 주변을 잘 관찰해 보렴. 사소한 데서 좋은 글감을 찾는 방법이야.

수필隨筆을 풀이하면 '붓 가는 대로 쓴 글'이야. 이 말을 처음 쓴 사람은 중국 남송 시대에 살았던 홍매라는 인물이야. 그가 쓴《용재수필容齋隨筆》에 '수필'이 처음 나오지.

"나는 버릇이 게을러 책을 많이 읽지 못하였다. 생각나는 대로 혹은 그때그때 형편에 따라 적어 놓았기 때문에 차례가 맞지 않아 수필이라고 해 둔다."

홍매는 수필을 '붓 가는 대로 쓴 글'이라는 뜻으로 썼어.

우리나라에서는 조선 시대 박지원이 청나라 연경을 다녀오며 쓴《열하일기》에서 '일신수필日新隨筆'이라는 말을 처음으로 사용했어.

수필을 영어로 에세이 essay 라고 해. 이 말은 프랑스 철학자 몽테뉴가 쓴《수상록 Les Essais》에서 나왔어. 이 책은 몽테뉴가 자신을 돌아보며 성찰한 내용이 담겨 있지.

좋은 수필을 쓰려면 평범함 속에서도 특별한 것을 찾아야 해. 그리고 개성이 잘 드러나도록 쓰는 게 중요해. 소재가 평범하더라도 나만의 새로운 시각과 생각이 드러나면 좋은 수필이 되지. 아름다운 말로 듣기 좋게 꾸민 글은 바람직하지 않아. 이런 글은 사실성이 떨어지고, 글쓴이의 솔직한 모습을 드러내지 않거든. 유머와 위트를 살리는 것도 좋아. 읽는 사람이 잔잔한 미소를 지을 수 있도록 말이야.

Before

당신의 난로

처음에 '배려'해야 한다는 것을 도덕 시간에 배웠을 때 '자기 일은 스스로 다 해야 하는 것 아니야? 자기 일을 스스로 하지 못하고 도움을 받는 것은 너무 무책임해'라고 생각했다. 그리고 친구들에게 물건을 빌리면 "고마워"라는 말을 생략하고 당연히 받아야 한다는 것처럼 행동했고 누군가와 부딪히기라도 하면 "미안해"라는 말 대신 째려보기만 했다. 따뜻한 말보다는 날카로운 말뿐이었다. 이렇게 나는 배려에 관심이 없었다.

나의 태도는 미국에 가면서 달라졌다. 배려를 모르는 내가 배려를 받는 것은 당황스럽기도, 놀랍기도, 고맙기도 했다. 배려에 익숙하지 않아 어색했다. 내가 사용하는 언어와는 거리가 먼 "Thank you", "Sorry"는 너무나 많이 사용됐고, 손으로 문을 여는 것도 귀찮아 발로 찼던 문을 상대방을 위해 문을 잡고 기다려 주었고, "Excuse me"는 필수였다. 부딪히기만 하면 째려보았지만 부딪힐 때마다 "Excuse me"라고 말하는 것이었다.

"Thank you"에 대한 에피소드가 한 개 있다. 수업 시간에 가위를 가져오지 못해 옆자리 친구에게 가위를 빌렸다. 가위를 쓰고 다시 옆자리 친구에게 건네주었다. 옆자리 친구가 가위를 건네받으며 "Thank you"라고 말하는 것이었다. 처음엔 '빌려주었는데 왜 Thank you라고 하지?'라고 생각했다. 물건을 받기만 하면 돌려주는 사람이든, 받는 사람이든 "Thank you"라고 하는 것을 알게 되었다. 빌리면서도 "Thank you"라고 말하지 않은 내 모습이 비교돼 갑자기 창피해졌다. 그러나 이 "Thank you"라는 단어를 통해 나를 깨우쳤다.

나의 성격이 누군가에게 다가가서 말하지도 못하고, 친구가 아니면 말도 꺼내지 못하였고, 부끄러움도 많았기 때문에 친구 사귀기가 더 어려웠다. 그룹을 만들라고 할 때는 누구와 해야 하는지 깊은 고민에 빠지고, 자유 시간을 줄 때는 누구와 같이 있어야 하는지 걱정부터 앞섰다. 나는 말도 걸지 못하고, 다가가 말도 하지 못하고, 부끄러움도 많고, 소극적이고 조용한 성격이 돼 버렸다.

그럴 때 누군가 나에게 '미소'를 줄 때 나는 용기가 생긴다. 남이 나를 어떻게 보냐에 대해 많이 생각했던 내겐 더더욱 '미소'가 너무나 따뜻하기도, 나를 쑥스럽게 하기도, 기분을 좋게 하기도 했다. 그리고 '오늘은 꼭 말을 건넬 수 있어'라는 용기도 주었다. 용기까지 준 미소는 연예인이 준 미소도, 대통령이 준 미소도 아니었다. 나와 눈이 마주치자 같은 반 아이가 웃어 주었다. 처음 그 미소를 받았을 때 그 아이만 웃어 주는 줄 알았다. 알고 보니 눈이 마주친 친구들마다 웃어 주었다. 미소를 받았을 때 어색해서 나도 웃어 주고 싶었지만 입도 잘 움직이지 않았다. 특별한 사람의 웃음이 아니었지만 내게는 나도 먼저 말을 걸 수 있고, 친구를 사귈 수도 있다는 용기를 주었다.

그 용기를 가지고 먼저 말을 걸어 보려 했지만 부끄러움이 그 용기를 막고 있었다. 용기와 부끄러움 사이에서 갈등하는 나를 아는지 반 친구들은 내게 먼저 "Hi"라고 말해 주었다. 내가 처음 미국 학교에 갔을 때 들었던 말도, 내가 제일 많이 들은 단어도 "Hi"였다. 우리나라에선 "안녕"이라는 말을 친구한테도 잘 하지 않는다. 하지만 미국에선 "Hi"는 모르는 아이에게 제일 먼저 하는 말이자 많이 쓰는 말이다.

만나기만 하면 "Hi"라고 말해 줬고, 그리고 눈이 마주치면 미소와 함께 "Hey"라고 말해 주었다. 먼저 "Hi"라고 말해 주는 것이 너무나 나를 기분 좋게 했다. "Hi"보다 더 놀라운 일도 있었다. 식당에 가기 전에 10분의 휴식이 있었다. '누구와 같이 있어야 해?'라는 고민에 빠진 나에게 아이 5~6명이 다가와서 "너 전학생이야?", "어디서 왔어?", "우리랑 같이 다녀, 우리 멋진 애들이야"라고 말을 걸었다. 첫 만남에 먼저 친구를 하자고 해서 너무 깜짝 놀랐다. 하지만 조용해진 나에게 먼저 말을 걸어 주어 고마웠다. '나도 이제 친구가 아니더라도 말할 수도 있고 친구 사귈 수도 있어'라는 자신감을 얻었다.

며칠 뒤 친구와 말도 해 보고 모르는 걸 물어보기도 했다. 하지만 앞에 서는 것은 너무 어려웠다. 과학 선생님은 시험을 보기 전 리뷰 게임을 했는데, 선생님의 문제에 답을 맞히면 공을 3번 던져 버킷에 넣어야 했다. 내게 물어볼까 봐 눈도 안 마주치고 피했던 것이 오히려 더 눈에 띄었는지 선생님은 나에게 문제를 내셨다. '망했다'고 생각했다. 그러나 진짜 망한 것은 문제를 맞히고 난 후였다. 원래 공도 잘 던지지 못해서 더 떨렸다. 떨리는 마음으로 공을 던지려 할 때 반 친구들이 "Go! You can do that", "You can make it"이라고 말해 줬다. 첫 번째 공은 실패, 두 번째 공도 실패. 그리고 세 번째 공은 버킷에 들어갔다. 세 번째 공이 들어가자 반 친구들이 "Good job"이라고 말해 주고 박수를 쳐 주었고 하이파이브도 진짜 많이 했다. 놀라기도 했고 고맙기도 했고 부끄럽기도 했다. 한국에 있을 때 못하는 친구가 발표할 때 응원보다는 '쟤가 잘할 수 있어?'라는 의문밖에 들지 않았다. 그런 내가 박수와 응원을 받은 것은 부끄럽게 느껴졌다. 앞으론 내가 잘 못하는 아이에게 꼭 박수와 격려와 응원을 해 주겠다고 다짐했다.

리뷰 게임 외에 더 큰 문제가 생겼다. 바로 클라리넷이었다. 나의 방과 후 활동은 밴드였고 그래서 악기도 연주해야 했다. 다른 밴드 애들은 중학교를 시작하자마자 악기를 시작해 다 잘했다. 그러나 나는 아무 악기도 하지 못해 악기를 정해야 했다. 나는 클라리넷으로 정했다. 처음엔 '리코더 같이 불면 되겠다'고 생각해 불어 봤지만 아무 소리가 나지 않았다. 밴드 수업 때마다 부는 척만 하고 있었다. 내가 부는 척만 하는 것을 알았는지 한 여자아이가 내게 오더니 "클라리넷 어렵지? 나도 처음 불 때 어려웠어. 내가 가르쳐 줄까?"라고 말했다. 그 아이와 나의 클라리넷 수업은 학교에서 학교 수업이 시작하기 전에 시작됐다. 아무것도 모르는 나에게 '도레미파솔라시'와 클라리넷 손가락 위치를 가르쳐 주었다. 안 나던 소리를 내고 '도'도 불 수 있게 되었다. 어느 날, 도~시까지 불 수 있었다. 그리고 학교 밴드가 대회에 나갔다. 소리도 내지 못한 내가 대회에 가서 하모니를 만드는 데 도움이 된다는 것이 너무 기쁘고 놀라웠다. 처음 만난 그 여자아이가 가르쳐 주지 않았다면 밴드가 끝날 때까지 부는 척만 했을지도 모르겠다. 친구도 아닌 처음 만난 아이에게 어려운 클라리넷을 가르쳐 준다는 것은 너무나도 어려운 일이다. 귀찮고 아침에 일찍 와야 했으니까. 대회가 끝나고 그 아이에게 말했다. "너무 고마워. 네가 없었으면 절대로 클라리넷을 불 수 없었을 거야, 고마워." 그 아이가 "난 네가 클라리넷을 이제 잘 불 수 있어서 좋아. 고마워."라고 말했다. 너무나 고마웠다. 나는 너무 많은 깨달음과 감동을 받았다. 나도 꼭 잘 못하는 사람이 있을 때 도움을 주고 배려해 주어야겠다고 약속했다.

다가가 말하지도 못하고, 먼저 말도 걸어 보지도 못하고, 부끄러움도 많은 내가 적응을 하는 것은 특히 어려웠다. 하지만 많은 배려로 잘하지 못할 것 같은 미국에서 잘 적응했다. 남에게 도움도 주지 않았던, 못하는 아이에게 비난만 했던 내가 많은 배려를 받고 배려에 관심을 가졌다. 물론 부끄러움이 아직 많아서 잘하지 못하지만 물건을 받으면 당연하다고 생각했던 내가 '고마워'라고 말하려고 하고, 부딪히면 째려보지 않고 '미안해'라고 말해 주려고 하고, 부끄러워 "Hi"도 말하지 못했지만 "Hi" 하고 말해 보려고 하고, 귀찮아 문을 차고 갔지만 뒷사람을 위해 문을 잡아 주려고 하고, 누군가와 눈이 마주치면 '왜 쳐다봐'라고 생각했지만 나도 미소를 받은 것처럼 웃어 주려고 하고, 조용한 아이에게 관심도 없었지만 식당에 가기 전 10분 휴식 시간 때처럼 이젠 내가 먼저 말해 주려고 하고, 못하는 아이에게 비판만 했지만 과학 시간에 받은 응원과 박수처럼 이젠 내가 응원해 주고, 격려해 주고, 박수쳐 주고, 도와주려고 노력한다. 부끄러워서 못할 때도 있지만 노력한다. 도덕 시간에 배운 '배려'라는 단어가 처음엔 관심도 없었지만 막상 배려가 내 삶에 적용이 되니 나의 이기적인 성격이 바뀌게 되었다.

'배려'는 큰 게 아니었다. 마치 특별한 사람이 아니더라도 길거리를 걷다 사람과 눈이 마주치면 웃어 주는 것처럼 작은 것이다. 작은 노력의 실천이다. '배려'는 마치 벽난로와 비슷하다. 손도 차갑게 얼어 버릴 것 같은 추운 겨울에 꽁꽁 얼려진 마음까지 녹일 것 같은 뜨겁고 따뜻한 벽난로와 비슷하다.

당신도 누군가의 차가운 마음에 배려를 통해 따뜻한 난로가 되어 줄 수 있을까?

배려를 난로로 비유하면서 글을 시작했네. 글 내용에 맞춰 제목도 〈당신의 난로〉로 했구나. 그런데 '배려는 추운 겨울 꽁꽁 얼린 마음을 벽난로처럼 녹여 준다'라는 표현은 창의적으로 느껴지지 않아. 앞서 시에서 이야기했듯이 상투적인 느낌으로 다가와. 좀 더 신선한 것으로 비유해 볼 수 있을까?

'배려 = 불우 이웃 돕기 = 추운 겨울 = 난로'처럼 뻔한 연상에서 벗어나 보자. '배려'를 예상하지 못한 새로운 것으로 정의해 봐. 그러면 신선하게 글을 시작할 수 있어.

그리고 문장이 전체적으로 너무 길어. 문장이 간결해야 읽는 사람이 편하다고 했지. 문장이 길면 주어와 서술어가 꼬여서 매끄럽게 넘어가기 힘들어.

문단도 마찬가지야. 전체적으로 한 문단이 긴 편이야. 문단을 언제 끊어야 할지 잘 모르겠다고? 한 문장에 하나의 주제, 한 문단에 하나의 주제, 하나의 글에 하나의 주제. 항상

이 점을 유념하고 써 봐. 그래야 글 전체 주제를 탄탄하게 보여 줄 수 있어.

After

배려는 필통

수업 시간에 뭔가 필요할 때 필통을 연다. 잘못된 글을 고치려고 할 때는 필통에서 지우개를 쏙 꺼내면 된다. 수학 문제를 풀 때는 샤프를 필통에서 찾는다. 선생님이 중요하다고 말씀하실 때는 필통에서 형광펜을 쓰윽 꺼낸다.

배려 역시 마찬가지다. 배려는 도와주거나 보살펴 주려고 마음을 쓰는 것이다. 배려를 위해 꼭 필요한 것들이 있다. 필통에서 필기구를 꺼낼 때처럼 쏙쏙 꺼낼 것들이 있다. 배려를 위한 필통을 만들자. 그 필통에 배려를 위해 필요한 것들을 넣자. 배려를 위해 필요한 것들은 무엇일까?

'배려는 땡큐다.'

중1 도덕 시간 때 배려를 배웠다. 선생님은 남을 위해 문을 열어 주는 아주 작은 일부터 시작하는 게 배려라고 말씀하셨다. 나는 속으로 '자기 일은 스스로 해야지. 자기 일을 스스로 하지 못하고 도움을 받는 것은 너무 무책임해'라고 생각했다.

나는 배려가 그렇게 작은 게 아니라 큰 것이라고 여겼다. 내가 아주 많은 돈을 번 뒤 가난한 많은 사람에게 성금을 내는 게 배려라고 생각했다.

대신 나는 작은 배려를 전혀 신경 쓰지 않았다. 남에게 피해를 주지 않으면 된다는 생각만 했다. 도서관이나 지하철, 식당에 들어갈 때는 손으로 문을 여는 것도 귀찮아 발로 차기까지 했다. 오히려 나는 우리나라에는 배려가 없는 사람이 너무 많다고 생각했다. 길을 가다 부딪치는 사람들은 미안하다는 말을 전혀 안 했다. 그런 사람을 볼 때마다 난 째려보았다.

그렇게 생각했던 내가 달라진 건 1년 동안 미국에 있으면서부터다. 중3 때 아버지가 미국 조지아주에 있는 조지아대학교에 1년 동안 초청연구원으로 있게 됐다. 그때 우리 가족은 애틀랜타 근처에 있는 작은 도시에 살았다.

미국 친구들은 한국에서 내가 거의 쓰지 않았던 말인 "고마워(Thank you)", "미안해(Sorry)"라는 말을 너무나 자주 사용했다. "미안합니다(Excuse me)"는 필수였다. 내가 실수로 남에게 먼저 부딪쳤을 때도 그들은 "미안합니다"라고 했다. 뒤에 오는 사람을 위해 문을 잡고 기다려주었다. 배려를 모르는 내가 배려를 받자 당황스럽기도, 놀라기도, 고맙기도 했다. 배려에 익숙하지 않아 어색했다.

미국에서 수업을 들을 때였다. 가위를 가져오지 못해 옆자리 친구에게 가위를 빌렸다. 가위를 쓰고 다시 옆자리 친구에게 건네주었다. 옆자리 친구가 가위를 건네받으며 "Thank you"라고 말했다. 처음엔 '빌려주었는데 왜 Thank you라고 하지?'라고 생각했다.

　나중엔 물건을 받기만 하면 빌리는 사람이든, 빌려주는 사람이든 모두 "Thank you"라고 말하는 걸 알게 됐다. 빌리면서도 "Thank you"라고 말하지 않은 내 모습이 비교돼 갑자기 창피해졌다.

'배려는 웃으며 '안녕'이라고 말하는 것이다.'

　나는 내성적이다. 누군가에게 다가가서 말하지도 못하고, 친구가 아니면 말도 꺼내지 못하고, 부끄러움도 많았다. 게다가 영어조차 잘하지 못했다. 그러다 보니 친구 사귀기가 더 어려웠다.

　수업 시간에 팀을 만들어야 할 때 누구와 해야 할지 깊은 고민에 빠졌다. 자유 시간이 날 때마다 누구와 같이 있어야 할지 걱정부터 앞섰다.

　그럴 때 누군가 나에게 밝은 미소로 반겨 주곤 했다. 그 미소는 연예인이 짓는 것도, 대통령이 짓는 것도 아니었다. 내 눈과 마주치자 같은 반 아이가 소리 없이 빙긋이 웃어 준 것뿐이었다. '다른 사람이 나를 어떻게 볼까'라는 고민이 많았던 나에게 그 미소는 너무나 따뜻했다.

　처음 그 미소를 받았을 때 그 아이가 나에게만 웃어 주는 줄 알았다. 그러나 그 아이는 눈만 마주치면 모든 아이에게 웃어 주었다. 그 미소는 나도 먼저 말을 걸 수 있고, 친구를 사귈 수도 있다는 용기를 주었다.

'배려는 격려와 응원이다.'

아이들의 "Hi"와 "Thank you" 그리고 미소. 이런 배려로 나는 조금씩 아이들에게 말을 걸게 됐다. 잘은 못했지만 영어로 친구에게 말도 걸어 보고 물어보기도 했다.

하지만 수업 시간에 많은 학생 앞에서 발표를 하는 건 너무 어려웠다. 그때 과학 선생님은 시험을 보기 전 복습 게임(review game)이란 걸 했다. 선생님이 낸 문제에 답을 맞히면 공을 3번 던져 버킷에 넣어야 했다.

선생님이 내게 물어볼까 봐 나는 눈도 안 마주치고 피했다. 그게 오히려 더 눈에 띄었는지 선생님은 내게 문제를 냈다. 난 '망했다'고 생각했다. 그러나 진짜 망한 것은 문제를 맞히고 난 뒤였다. 원래 공도 잘 던지지 못해 더 떨렸다.

떨리는 맘으로 공을 던지려고 할 때 반 친구들이 "넌 할 수 있어(Go! Go! You can do that)!", "넌 해낼 수 있어(You can make it)!"라고 말하기 시작했다. 첫 번째 공은 실패. 두 번째 공도 실패. 세 번째 공은 다행히 버킷에 들어갔다. 세 번째 공이 들어가자 반 친구들이 "잘했어(Good job)"라고 말해 주고 박수를 쳐 주었다. 하이파이브도 진짜 많이 했다.

놀라기도 했고 고맙기도 했다. 내 자신을 돌아보며 부끄럽기도 했다. 한국에 있을 때 못하는 친구가 발표할 때 응원보다는 '쟤가 잘할 수 있을까?'라는 생각밖에 하지 않았다. 그런 내가 박수받고 응원받은 것이 부끄럽게 느껴졌다. 앞으론 내가 못하는 아이에게 꼭 박수와 격려와 응원을 해 주겠다고 다짐했다.

'배려는 다가섬이다.'

미국 학교엔 방과후 활동으로 밴드를 하는 곳이 많다. 밴드부 아이들은 중학교에 들어오자마자 악기를 시작해 모두 잘했다.

나도 밴드에 가입했는데 내가 택한 악기는 클라리넷이었다. 클라리넷을 잘 불어서 택한 게 아니라, 클라리넷이 불기 쉽다고 해서 선택한 것이다. 처음엔 '피리처럼 불면 되겠지'라고 생각하며 불었지만 아무 소리도 나지 않았다. 결국 밴드에서 연습을 할 때마다 부는 척만 하고 있었다.

그때 한 여자아이가 내게 다가와서 말을 걸었다. 처음 보는 아이였다.

"클라리넷 어렵지? 나도 처음 불 때 어려웠어. 내가 가르쳐 줄까?"

그 아이는 학교 수업이 시작되기 전에 나에게 클라리넷을 가르쳐 주겠다고 했다. 학교 수업을 하기 1시간 전부터 나는 그 아이에게 클라리넷을 배웠다. 아무것도 모르는 나에게 클라리넷을 어떻게 짚는지 손가락 위치를 가르쳐 주었다. '도레미파솔라시도'를 어떻게 부는지도 가르쳐 주었다. 안 나던 소리도 나기 시작했다. 남들보다 못했지만 남들만큼 할 정도로 실력이 올라갔다.

몇 달 뒤 우리 학교 밴드가 대회에 나갔다. 소리도 내지 못한 내가 대회에 가서 하모니를 만들어 냈다. 너무 기쁘고 놀라웠다.

그 아이가 가르쳐 주지 않았다면 밴드가 끝날 때까지 부는 척만 했을지도 모르겠다. 친구도 아니었고, 처음 만난 아이에게 어려운 클라리넷을 가르쳐 주는 건 쉽지 않은 일이다. 귀찮고 아침에 일찍 와야 했으니까.

대회가 끝나고 그 아이에게 말했다.

"너무 고마워. 네가 없었으면 절대로 클라리넷을 불 수 없었을 거야. 고마워."

나도 자연스레 고맙다는 이야기가 나왔다.

"난 네가 클라리넷을 이제 잘 불 수 있어서 좋아. 고마워."

나는 너무 많은 깨달음과 감동을 받았다. 나도 꼭 잘 못하는 사람이 있을 때 도와주고 배려해 주어야겠다고 약속했다.

다가가 말하지도 못하고, 먼저 말도 걸어 보지도 못하고, 부끄러움도 많은 내가 배려를 받지 못했다면 미국에서 적응하기는 힘들었을 것이다.

남에게 도움도 주지 않았던, 못하는 아이에게 관심도 없었던 난 그때 많은 배려를 받았다. 내가 받은 배려를 이젠 다른 사람에게 베풀어야겠다고 생각하고 있다.

배려는 나의 삶에 큰 영향을 끼쳤다. 물건을 받으면 당연하다고 생각했던 내가 '고마워'라고 말하기 시작했다. 부딪히년 쌔려보시 않고 '미안해'라고 말했다. 발로 문을 열던 내가 뒷사람을 위해 문을 잡아 주고 있다. 누군가 눈이 마주치면 '왜 쳐다봐'라고 생각했지만 이젠 나는 미소를 받아 주고 있다. 옛날엔 조용한 아이에게 관심도 없었지만 이젠 내가 먼저 말을 건넨다. 잘 못하는 아이에게 비판했던 내가 과학 시간에 받은 응원과 박수를 되돌려 주고 있다. 같은 반 친구를 응원해 주고, 격려해 주고, 박수쳐 주고, 도와주려고 노력한다.

'배려'는 큰 게 아니었다. 특별한 사람만이 할 수 있는 것도 아니었다. 고맙다고 말해 주고, 반갑게 미소를 지어 주는 것이 배려였다. 뒤에 오는 사람을 위해 문을 잡아 주는 게 배려였다. 배려는 이렇게 작은 데서부터 시작한다는 걸 나는 뒤늦게 깨달았다.

배려는 민들레 홀씨와 같다는 생각이 든다. 처음에는 도덕 시간에 배웠던 '배려'라는 단어에 관심도 없었다. 하지만 내가 배려를 받으면서 스스로 달라졌다. 나도 남을 배려해야 한다는 생각이 들었다. 배려를 받은 사람이 다른 사람에게 배려하면서 민들레 홀씨처럼 퍼져 나가는 것이다.

나는 지금 배려를 위한 필통을 만들고 있다. 필통 안에는 '고마워', '미안해', '멋진데', '그래, 내 말이 맞아'와 같은 것들로 채우고 있다. 환한 미소, 먼저 다가서기 같은 것들도 있다.

필기를 할 때 필통에 있는 필기구를 쏙쏙 꺼내 쓰듯, 어떤 사람이 힘들어할 때, 어떤 사람과 어색할 때, 어떤 사람이 도움이 필요할 때 필통에서 배려를 쏙쏙 꺼내려고 한다.

비평문, 독후감인 듯 아닌 듯

국어 수행평가 과제로 비평문을 쓰게 됐어. 사실 수행평가를 하기 전에는 비평문을 잘 몰랐고, 어떻게 써야 하는지는 더욱 몰랐지. 선생님은 비평문에 대해 갈피를 못 잡는 우리에게 예시를 보여 주었어. 그러나 예시를 봐도 도통 어떻게 써야 하는지 감이 안 잡혀. 일단 써 보자!

Before

안도현의 〈사랑〉에 대한 비평문

내가 선택한 시는 사랑이었다.

국어 수행평가 때문에 6개의 시를 비교해 가며 읽었다. 난 6개의 시 중에서 안도현 시인의 〈사랑〉이라는 시를 선택했다. 그 이유는 다른 5개의 시들보다 가장 기억에 남기 때문이다. 안도현의 〈사랑〉이라는 시는 사랑의 의미를 창의적으로 표현했다. 그의 창의성과 독창성 때문에 사랑이라는 정의도, 시의 의미도 내게 더 의미 깊게 다가왔다.

먼저 안도현 시인은 창의적인 소재를 활용했다. 매미와 사랑은 어떠한 공통점도 없을 뿐만 아니라 절대 어울리지 않는다. 오히려 매미는 여름철 소음을 유발하는 짜증나는 존재에 가깝다. 그러나 안도현 시인은 매미를 사랑과 연관시켰다. 매미는 15일을 위해 7년이라는 긴 시간을 땅속에서 보낸다. 그리고 15일 동안 누구보다 열정적으로 노래를 부른다. 매미는 이 노래를 위해 긴 어둠의 시간을 버텨 온 것이다. 안도현 시인은 이 매미의 열정, 간절함을 사랑에 비유한 것이다.

다음으로 안도현 시인의 창의성은 표현에서 찾아볼 수 있다. 누구나 여름이 왔기에 이제 매미가 울겠거니 생각한다. 그러나 안도현 시인은 여름이 뜨거운 이유는 매미가 울기 때문이라고 서술하고 있다. 안도현 시인은 사랑이라는 의미를 강조하기 위하여 역설의 방법을 사용했다.

마지막으로, 안도현 시인은 백석 시인의 작품을 창의적으로 패러디했다. 안도현 시인은 자신의 시집에서 〈사랑〉이라는 시는 백석 시인의 〈나와 나타샤와 흰 당나귀〉에서 모티프를 가져왔다고 밝혔다. 안도현 시인은 백석 시를 재해석하여 사랑에 대한 정의를 자신의 생각대로 밝혔다.

사랑을 소재를 삼은 시는 많다. 그럼에도 안도현 시인의 사랑이라는 시가 매력적인 것은 안도현 시인의 창의성에 있다고 생각한다. 그는 소재, 표현, 모티프를 통해 자신만의 사랑이라는 의미를 효과적으로 제시한다.

비평문을 쓰다 보니 독후감과 비슷하다고 느꼈어. 비평문을 쓸수록 독후감과 차이가 무엇인지 궁금해졌지. 비평문을 쓸 때도 독후감처럼 느낀 감정을 그대로 담아야 할지, 그렇게 하면 안 되는지 궁금해. 독후감과 비평문 차이는 무엇일까?

독후감과 비평문 차이가 궁금하구나. 독후감은 한자 그대로 책을 읽은 뒤 느낌을 쓰는 글이야. 감성과 주관이 잘 드러나지. 비평문은 비판적인 시각으로 쓰는 글이야. 개인적인 느낌보다 객관적인 시각이 좀 더 중요해. 독후감이 읽는 사람의 감상을 더 풍부하게 담는 글이라면, 비평문은 좀 더 객관적 시각에서 작품을 분석하고 평가하는 글인 셈이야.

  비평문은 작품 지식과 정보를 충분히 소개하는 게 좋아. 작품 주제와 같은 객관적인 내용이 잘 드러나도록 써야 해. 저자가 누구인지, 이 책이 우리 사회에 어떤 메시지를 전하는지와 같은 내용이지. 그래야 객관적인 글이 될 수 있어. 비평문을 쓸 때는 작품뿐만 아니라 다른 책을 찾아 읽거나 인터넷 검색을 하며 저자 정보를 더 얻어 봐.

  비평문은 책뿐만 아니라 음악을 듣거나 미술 작품을 보고도 쓸 수 있어. 비평문은 소개하는 글이 아니야. 반드시 비판적으로 쓸 필요도 없어. 작품이 좋다면 긍정적으로, 그러지 않다면 비판적으로 쓰면 돼. 하지만 객관적인 시각을 바탕으로 삼아야 하지.

  독후감은 비평문보다 형식이 자유로워. 예를 들어 독후감은 일기 형식으로도 쓸 수 있지만 비평문은 적절하지 않지.

After

창작은 모방에서 시작한다

사랑

　　　　　　　안도현

여름이 뜨거워서
우는 것이 아니라 매미가 울어서
여름이 뜨거운 것이다

매미는 아는 것이다
사랑이란, 이렇게
한사코 너의 옆에 붙어서
뜨겁게 우는 것임을

울지 않으면 보이지 않기 때문에
매미는 우는 것이다

안도현 시인의 시집 《그리운 여우》(2000년)에 나오는 시다. 이 시는 매미 울음을 통해 사랑을 이야기하고 있다.

　매미는 한여름 짧은 사랑을 위해 7년이나 되는 긴 시간을 땅속에서 보낸다. 땅속에서 오랜 세월을 보낸 매미가 지상에서 사는 기간은 매우 짧다. 이런 매미에게 삶의 의미나 가치는 사랑뿐이다.

　매미의 사랑법은 우는 것이다. 사랑하지 않으면 그 긴 기다림의 의미가 없게 된다. 그래서 우는 것이다. 우는 것은 사랑을 표현하는 행위다. 표현하지 않으면 삶의 의미나 가치가 없기 때문이다.

안도현 시인은 이 시 아이디어를 백석의 시에서 가져왔다고 했다. 안도현 시인이 어느 여름날 러닝셔츠 바람으로 마루에 누워 부채를 부치고 있을 때였다. 감나무에서 쉬지 않고 매미가 울었다. 그때 벌떡 일어나 "여름이 뜨거워서 매미가 / 우는 것이 아니라 매미가 울어서 / 여름이 뜨거운 것이다"라고 메모했다고 한다. 안 시인이 나중에 가만 생각해 보니 이 시구는 백석 시인한테서 나온 거였다고 했다.

백석 시인의 시에서 가져왔다고 하는 부분은 바로 〈나와 나타샤와 흰 당나귀〉 앞부분이다.

가난한 내가
아름다운 나타샤를 사랑해서
오늘 밤은 푹푹 눈이 나린다

안도현 시인은 인과관계를 무시한 이 시를 참 좋아한다고 했다. "사랑하기 때문에 푹푹 눈이 내린다는, 이 말도 안 되는 구절 때문에 나는 백석을 좋아한다. 분명히 문장구조의 인과관계를 무시하는 충돌이거나 모순이다. 내가 너를 사랑해서 이 우주에 눈이 내린다니! 그리하여 나는 가난하고, 너는 아름답다는 단순한 형용조차 찬란해진다."

안도현 시인이 1994년 내놓은 네 번째 시집 제목 《외롭고 높고 쓸쓸한》 역시 백석 시인의 시에서 따왔다. 백석의 시 〈흰 바람벽이 있어〉에서

"나는 이 세상에서 가난하고 외롭고 높고 쓸쓸하니 살아가도록 태어났다"는 구절에서 가져온 것이다.

이에 대해 안도현 시인은 이렇게 말했다.

"누구나 '가난하고 외롭고 쓸쓸하다'는 말은 쉽게 할 줄 안다. 그러나 '외롭고'와 '쓸쓸하다' 사이에 '높고'라는 말을 갖다 놓을 줄 아는 시인이 백석이다. 이 '높고'는 양쪽 형용사들의 외로움과 쓸쓸함을, 그 구차함을 일거에 해소하고 시 전체의 품격을 드높이는 구실을 한다. 베끼지 않을 수 없게 만드는 '높고'인 것이다!"

안도현 시인은 그 이후에 낸 여러 시집에서도 백석을 짝사랑한 흔적이 곳곳에 묻어 있다고 공개적으로 말했다.

안도현 시인의 〈사랑〉을 통해 우리는 미메시스^{mimesis}를 다시 한 번 확인할 수 있다. 미메시스는 재현이나 모방이라는 뜻이다. 이 말은 플라톤과 아리스토텔레스에 의해 문학의 본질을 설명하는 핵심 개념으로 사용되고 있다. 즉 문학이 다른 예술과 마찬가지로 모방의 산물이라는 뜻이다.

안도현 시인도 자신이 쓴 책 《가슴으로도 쓰고 손끝으로도 써라》에서 이렇게 말한다.

"당신은 모방을 배워라. 모방을 배우면서 모방을 괴로워하라. 모방을 괴로워할 줄 아는 창조자가 되어라. 모방의 단물 쓴물까지 다 빨아들인 뒤에, 자신의 목소리를 가까스로 낼 수 있을 때, 그때 가서 모방의 괴로움을 벗어던지고 즐거운 창조자가 되어라."

소논문, 어렵게만 생각하지 마

진로 시간 때 소논문을 쓰게 됐어. 선생님은 장래 희망이 비슷한 부류의 아이들을 5명씩 모아 소논문을 쓰게 했지. 나는 '교사'가 되기를 희망하는 아이들과 같은 팀이 되었고, 팀장을 맡게 됐어. 처음에 소논문을 쓴다고 해서 뭔가 대학원생들 아니면 박사들이나 쓸 것 같은 느낌이 들어 막막했어. 게다가 팀장으로서 완성해야 한다는 부담감도 컸고 말이야.

우리는 소논문을 쓰면서 처음 1시간 동안 한 문단도 완성하지 못하고, 계속 '썼다 지웠다'를 반복했어. 그래서 일단 쓰기보다 같은 주제의 다른 논문은 어떻게 완성했는지 살펴보기로 했어. 논문을 10개 정도 읽었더니 감이 잡히더라고. 논문은 무조건 어려운 게 아니었어. 그저 자료를 분석하고 이에 대한 생각을 잘 정리하면 되는 거였어.

소논문은 관심 있는 주제를 찾아 조사하며 연구해 논리적으로 정리한 글이야. 감정이나 추측으로 쓴 에세이와는 달리 논리적인 근거를 들어 다른 사람에게 설명하는 글이지. 개인 생각이나 의견이 아니라 이론과 데이터를 근거로 답 또는 대안 및 결론을 제시해야 해.

대학교에 들어가면 관심 있는 분야에서 다양한 자료를 찾아가며 답을 찾아가는 보고서와 논문을 써야 해. 스스로 연구 주제를 찾아 공부하는 사람이 대학교에서 두각을 드러내지. 물론 다른 사람과 공동으로 연구하는 경우도 많아. 성공적인 연구 결과를 이끌어 내려면 소통과 협력이 무엇보다 중요해.

그렇다면 소논문을 잘 쓰기 위해선 어떻게 해야 할까? 먼저 관심 있는 주제를 잘 찾아야 해. 막연하게 주제를 잡으려면 힘들지. 주제를 정하기 전 네가 관심 있는 내용과 연구해 보고 싶은 분야를 꼼꼼히 살펴봐야 해.

관심 분야를 선택했으면 그 분야의 책과 보고서를 가능한 한 많이 살펴보는 게 좋아. 직접 서점과 도서관에 가서 책을 찾거나 국회도서관 웹사이트에서 논문 자료를 검색해 볼 수도 있지. 네가 준비하는 주제와 관련된 학술 논문도 찾아보렴. 논문에는 학사·석사·박사 논문이 있어. 물론 이때 자기 수준보다 너무 높은 자료를 볼 필요는 없어. 보고 충분히 이해할 수 있는 정도의 자료를 봐야 해.

논문은 문장으로만 이루어지지 않아. 통계 자료, 그래프 등도 참고 자료로 넣어야 하지. 논문을 다 쓰고 이런 부분을 준비하려면 시간이 부족하니 논문을 쓰면서 틈틈이 관련 자료를 준비해 놓으렴.

인터넷으로 정보를 검색할 때는 주의해야 해. 사실관계가 맞지 않거나 출처가 의심스런 내용이 많기 때문이야. 알다시피 가짜 뉴스가 인터넷에서 돌아다니듯 사실이 아닌 내용이 버젓이 올라와 있는 경우가 있어.

다른 글처럼 소논문 서론도 인상적으로 써야 할까?

소논문은 다른 글처럼 첫 부분을 인상적으로 쓸 필요는 없어. 독자가 서로 다르기 때문이야.

대부분 글은 불특정 다수를 독자로 삼고 글을 써. 대표적인 게 신문 기사야. 독자가 젊은 사람일 수도, 나이가 든 사람일 수도 있지. 학력이 높거나 낮을 수도 있고, 남자이거나 여자일 수도 있어. 그래서 기자들은 '중학교 3학년'이 읽을 수 있도록 쓰라는 교육을 받아. 독자 범위가 넓기에 모든 사람이 이해할 수 있도록 쉽고 친절하게 글을 쓰기 위해서야.

반면 논문은 어떤 분야 전문가들 대상으로 쓰는 경우가 대부분이야. 논문을 읽는 사람은 전문가여서 다 알고 있는 내용을 쓰거나 너무 쉬운 단어로 설명하면 지루해질 수밖에 없어.

게다가 논문은 글 주제가 매우 좁은 편이야. 역사와 관련한 논문을 쓸 때 역사라는 큰 범위에서 논문을 쓰는 경우는 많지 않아. 예를 들어 주제를 고대사로 좁히거나 고대사 가운데 백제, 백제에서도 웅진^{공주} 시대에 초점을 잡지.

논문을 바탕으로 해서 쓰는 글인 소논문도 마찬가지야. 다른 글처럼 첫 부분을 인상적으로 쓸 필요는 없어. 오히려 첫 부분에서 이 연구를 한 목적과 주제를 쉽고 간결하게 보여 줘야지.

연구 방법에서 설문 조사와 함께 인터뷰까지 하는 게 좋을까?

논문 연구 방법에는 두 유형이 있어. 양적 연구 방법과 질적 연구 방법이야. 양적 연구 방법은 수치 통계나 수학 분석 툴을 이용해 연구를 진행해. 질적 연구 방법은 실험, 인터뷰 등으로 연구를 진행하는 거야. 인터뷰는 대표적인 질적 연구 방법 중 하나지.

두 방식은 각기 장단점이 있어. 양적 연구 방법은 객관적인 연구 결과를 보여 주지만 깊이가 떨어지는 경우가 많아. 질적 연구 방법은 그 반대지. 일반화하기 어렵다는 단점이 있지만 깊이 있는 내용을 보여 줘.

'설문지 분석'이 양적 조사 방법이라면, '인터뷰'는 질적 연구 방법인 셈이지. 논문에서 두 방법을 같이 보여 주면 한 가지 방식의 단점을 보완할 수 있어. 다만 인터뷰할 대상을 잘 선정해야 해. 그 분야에서 전문가일 뿐만 아니라 객관적으로 말해 줄 사람을 선택하는 게 중요해.

실태 조사 설문지 예시

안녕하십니까?
본 설문지는 청담고등학교 2학년 진로동아리 '사랑' 학생들의 초등학생 사교육 실태 조사를 위해 만들어졌습니다. 설문조사 결과에 따라 학생들은 현재의 상황을 인식하고 이에 따라 적절한 해결방안을 모색할 예정입니다.
작성하신 내용은 교육목적으로만 이용되며, 비밀이 보장되오니 안심하시고 정확하게 답하여 주시기 바랍니다. 설문에 응해 주셔서 감사합니다.

201△년 8월 '사랑' 올림

※ 해당 항목에 ✓표하여 주십시오.

1. 본인의 학년은?
   ① 1, 2학년   ② 3, 4학년   ③ 5, 6학년

2. 현재 본인이 수강하고 있는 학원(과외 포함)의 수는?
   ① 없음   ② 1·2개   ③ 3~4개   ④ 5개 이상

3. 하루 학원(과외 포함) 이용 시간은?
   ① 1시간 이하   ② 1~2시간   ③ 2~3시간   ④ 4시간 이상

4. 본인이 사교육을 하게 된 이유는?
   ① 학교 수업을 따라가기 어려워서   ② 부모님의 권유로   ③ 친구의 추천으로

(후략)

윤영이의 소논문 예시

1. 팀 번호 및 제목

팀 번호	1	주제 탐구 제목	초등학생 사교육 참여가 학교 수업에 미치는 영향

2. 탐구 동기: 100자(빈칸 포함) 이내로 요약

초등 교사를 꿈꾸는 우리가 교사가 되었을 때 직면할 수 있는 문제들을 먼저 고민하고 해결해 보고 싶었다. 특히 사교육 문제를 선택한 이유는 현재 초등학생 사교육 비율이 매우 높고, 초등 교사로서 가장 흔하고 해결하기 힘든 문제라고 생각하였기 때문이다.

3. 요약: 탐구의 내용이나 결과를 200자(빈칸 포함) 이내로 요약

본 탐구는 초등학생들의 사교육에 대한 설문 조사, 초등 교사 인터뷰를 통해 현 초등학생들의 사교육 현황, 동기, 영향을 분석하여 사교육 문제점을 파악하였다. 이를 바탕으로 초등학생 사교육이 학교 수업에 미치는 영향을 알아보았다. 더 나아가 초등학교 사교육 문제점의 해결 방안과 공교육의 발전 방향을 제시하였다.

4. 각 모둠원의 역할

학번	이름	역할
○○○○	정윤영(팀장)	1. 탐구 주제 설정, 의견 제시, 토론 진행 2. 토론 참여 유도, 팀원들에게 각각 의견 물어봄 3. 진행 계획, 각자 역할, 계획 일정 지시 및 공고 4. 보고서 서론 작성 5. 보고서 전체적으로 편집 및 수정
○○○○	팀원 1	1. 탐구 주제 설정, 의견 제시, 토론 참여 2. 설문지 작성 및 설문 조사 결과 정리 3. 보고서 본론, 결론 작성
○○○○	팀원 2	1. 탐구 주제 설정, 의견 제시, 토론 참여 2. 초등학교 교사 인터뷰 실시 3. 인터뷰 부분 내용 정리

○○○○	팀원 3	1. 탐구 주제 설정, 의견 제시, 토론 참여 2. 진행 계획, 역할 분담 등 참여 3. 보고서 목차 구성 제안 4. 제언 작성, 보고서 형식 수정 5. 중간 보고서 편집
○○○○	팀원 4	1. 탐구 주제 설정, 의견 제시, 토론 참여 2. 초등학교 교사 인터뷰 실시 3. 인터뷰 부분 내용 정리

5. 탐구 후기: 보고서를 쓰기 전후를 비교하여 자신이 잘한 점, 탐구하면서 배우거나 느낀 점, 잘했던 점, 아쉬웠던 점, 갈등 극복 사례 등을 요약

이름		후기
정윤영	쓰기 전	소논문을 처음 쓰고, 쓰기 전에는 '내가 박사들만 쓸 것 같은 논문을 어떻게 써. 이건 무리다'라고 생각했고 '잘 쓸 수 있을까' 걱정하였다. 또 팀장을 맡게 되어 좋은 리더가 되기 위해 고민도 많이 하였다.
	작성 후	처음에는 팀장으로서 아이들의 관심을 유도하고 모두 토론에 참여하게 만드는 것에 부족했습니다. 그래서 학교 선생님들을 관찰하면서 팀원들이 더 의견을 잘 낼 수 있는 분위기를 만들기 위해 노력했습니다. 또 홀로 남자인 남자 팀원이 진로 시간에 참여하도록 노력하였습니다. 진로 활동을 통해 저는 좋은 리더가 되기 위해 '나'보다 '우리'가 더 중요하다는 것을 느꼈습니다. 그리고 선생님이 되었을 때, 소극적인 학생들이 적극적으로 행동할 수 있게 도와주는 방법을 알게 되었습니다.
팀원 1	쓰기 전	'현 초등학생들의 문제점 및 해결 방안'에 대한 주제로 탐구하기로 했다. 주제와 관련하여 철저한 계획을 세워 실천하였고, 단순한 자료 조사가 아닌 설문 조사 활동을 통해 탐구에 열심히 임했다.

팀원 1	작성 후	탐구를 하던 도중 더 정확하고 깊이 있는 탐구를 위해 여러 문제점 중 사교육에 관한 문제로 주제의 폭을 줄였다. 이후 새로운 주제에 대해 내가 맡은 부분을 더 자세히 탐구하는 계기가 되어서 좋았다. 또 직접 조사한 결과를 분석하고 해결 방안을 제시함으로써 나의 진로 활동에 도움이 되었다는 생각이 들어 보람을 느꼈다.
팀원 2	쓰기 전	교사에 대한 기본적인 지식만 알고 있었고, 깊이 파고들지 않았다.
	작성 후	이전까지 깊이 알지 못했던 지식을 알게 되고, 인터뷰를 진행하면서 초등학교 교사에 대해 다시 돌이켜 보기도 하였다. 기간이 더 길었으면 많은 내용을 쓸 수 있지 않을까 하는 아쉬움이 있다.
팀원 3	쓰기 전	초등학교 교사라는 같은 꿈을 가진 친구들끼리 모여서 우리들이 교사가 됐을 때, 맞닥뜨릴 수 있는 문제들에 대해 생각해 보고 그 밖에 교사의 어려움에 대해 자세히 알아 가는 시간을 가졌다.
	작성 후	실제 인터뷰와 설문 조사 등을 통해 교사라는 직업이 내가 생각했던 것보다 힘들고 어려운 일이 많다는 것을 알았다. 정말 직업 신념이 마음속에 크게 자리잡고 있지 않으면 안 될 것 같다는 생각이 들었다. 이번 주제 탐구 보고서 활동을 하면서 다시 한 번 교사라는 직업에 대해 생각해 보고 이 직업이 정말 내가 원하는 일이 맞는지에 대한 스스로의 성찰의 시간을 가졌다.
팀원 4	쓰기 전	교사라는 직업이 하는 일, 고충에 대해 잘 알지 못했다.
	작성 후	교사가 어떤 일을 하는지 알게 되었고 교사가 가져야 할 마음가짐도 배웠다.

주제 탐구 제목: 초등학생 사교육 참여가 학교 수업에 미치는 영향

Ⅰ. 서론

1. 머리말

 최근 통계청이 전국 약 20,000가구를 대상으로 1년 소비지출을 조사한 결과(2016년)에 따르면 교육비의 평균 소비자 지출액이 313만 원으로 식료품비(671만 원), 주거비(306만 원)를 뒤따라 3위를 기록하였다. 이는 의식주에 꼭 필요한 식료품비와 주거비를 제외하면 실질적으로 교육비에 가장 많은 돈을 지출하는 것이다. 이것으로 보아 전국적으로 아이를 가진 가정에서 대부분이 사교육(교육비)에 엄청난 돈을 지출하는 것으로 보인다.
 그렇다면 현재 우리나라 초등학교 사교육 상황은 어떠한가? 통계청에 따르면 초등학생 1인당 월평균 사교육비는 24.1만 원으로 중학교, 고등학교에 비해 가장 적은 사교육비를 기록하였다. 그러나 지출비용을 중학교(27.5만 원), 고등학교(26.2만 원)에 비교하여 보면 큰 차이가 없다. 또한 초등학생의 사교육 참여율과 수낭 사교육 참여 시간이 각각 80.7%와 6.8시간을 차지하면서 중학생과 고등학생 사이에서 가장 높은 사교육 참여율과 사교육 참여 시간을 기록하였다.
 위의 자료들로 근거하여 이미 초등학생 때부터 과도하게 사교육에 의존하고 있는 상황을 알 수 있다. 어렸을 때부터 지나치게 사교육에 의존하는 것은 학생들에게 큰 학업 스트레스와 낮은 수업 흥미도와 같은 부작용을 유발할 것이라는 의견이다. 따라서 초등학생을 가르치는 초등 교사는 학생들의 낮은 학교 수업 흥미도, 소극적인 수업 참여도와 같은 문제들을 해결해 나가야 한다. 이에 초등학교 교사를 꿈꾸는 우리들이 먼저 초등학교 교사가 되어 직면할 수 있는 가장 흔하고 큰 문제점인 '초등학생의 과도한 사교육'을 조사하여 미리 고민하고 해결 방안을 제시함으로써 더 나은 교사가 되기 위함이 이 주제를 선정한 이유이다.

2. 선행 연구 검토

(1) 사교육에 대한 인식

1) 사교육에 대한 학부모 인식

 사교육에 대한 인식에서 대부분의 학부모가 자녀의 공부를 자신의 체면과 연결시키고 있으며, 자녀의 성적은 부모의 뒷바라지 정도에 따라 달라진다고 생각하고 있었다. 또한 많은 어머니가 공부보다는 도덕적 인성이 더 중요하다고 응답하고 있지만, 실제로는 사교육을 통한 선행 학습의 필요성에 대해 모든 계층에서 동의하였다. 추가적으로, 사교육 인식 중 '자녀가 명문 대학을 못 간다면 주변 사람들에 대한 체면이 안 설 것이다'라는 인식이 높을수록 사교육비, 사교육 과목 수가 많았고, '초등학교의 사교육 필요성', '선행 학습의 필요성'을 많이 느낄수록 사교육 과목 수와 사교육 시간이 많았다. '자녀 성적에 대한 부모 역할의 중요성에 대한 인식'이 높을수록 사교육비 지출이 많았다.

2) 초등 교사와 학부모의 사교육에 관한 인식 비교

 교사들은 사교육의 중심 역할은 학교 학습의 미이해 부분 보완이고, 정상적인 공교육을 위해 사교육이 필요하지 않으며, 학부모들이 자녀를 다른 사람들보다 뛰어나게 키우려고 하거나 남들이 다들 하니까 불안해서 사교육을 시킨다고 인식하고 있었다. 사교육은 지나친 선행 학습과 문제 풀이 위주 교육을 우선적으로 개선해야 하며, 사교육에 대한 규제 정책이 필요하다고 인식하였다. 학부모들은 공교육의 학력 신장이 미흡하다고 인식하고 있었다. 그리고 사교육의 중심 역할은 학교 학습의 미이해 부분 보완이고, 정상적인 공교육을 위해 사교육이 필요하며, 상당수가 자녀를 다른 사람들보다 뛰어나게 키우기 위해서 또는 남들이 다들 하니까 불안해서 사교육을 시킨다고 하였다. 많은 학부모가 과도한 수강료를 사교육의 문제점으로 인식하였고, 사교육에 대한 규제 정책이 필요하지 않다고 인식하였다.

(2) 초등학생 사교육과 문제점

1) 초등학생 사교육과 학업 스트레스와 학업 성취도와의 상관관계

사교육 정도와 학업 스트레스의 상관관계 결과, 사교육 학습 과목 수는 학교생활 문제와 취미 오락 문제에 있어서 정적 상관(정비례 관계)을 보였다. 사교육 동기와 공부 문제는 정적 상관을 나타냈다. 사교육 학습의 도움 정도는 공부 문제, 심리 성격 문제, 장래 문제와 뚜렷한 정적 상관관계를 갖는 것으로 분석되었다. 사교육 정도와 학업 성취도와의 상관관계의 결과, 사교육 동기에 따른 국어, 수학, 사회, 과학 성적과 총점의 집단 모두 부적 상관(반비례 관계)을 갖는 것으로 나타났다. 사교육으로 인한 학업 스트레스와 학업 성취도와의 상관관계의 결과, 공부 문제, 친구 관계 문제, 장래 문제와 부적 상관관계를 갖는 것으로 나타났다.

II. 연구 방법

현 초등학생들의 사교육 실태를 조사하기 위해 설문 조사와 현 초등 교사를 대상으로 인터뷰를 실시하였다.

1. 설문 조사

(1) 조사 대상

설문 조사는 서울시에 위치하는 OO초등학교와 사교육이 많이 이루어지고 있는 대치동 학원가에서 현 초등학생 200명을 대상으로 실시하였다. 응답자는 1,2학년 54명(27%), 3,4학년 97명(48.5%), 5,6학년 49명(24.5%)으로 이루어졌다. 본 조사는 201△년 8월 25일부터 201△년 8월 26일까지 이틀간 진행하였다.

(2) 조사 방법

본 연구는 초등학생의 사교육 실태를 분석하기 위해 진로 동아리 'OO'이 설문지를 제작하여 조사를 진행하였다.

(3) 조사 전 예상 결과

초등학생 전 학년을 대상으로 실사하는 조사이므로 각 집단마다 다른 결과를 나타낼 것이라고 예상했다. 전체적인 면에서는 학년이 올라갈수록 학생들의 사교육 시스템 이용 개수와 하루 평균 이용 시간 등이 늘어날 것으로 예상하였다. 사교육을 이용하게 된 계기는 저학년의 경우 대부분 부모님의 권유로, 고학년으로 올라갈수록 학교 진도를 따라가기 어려워서 자발적으로 수강하게 되었던 것으로 예상하였다. 사교육의 효과에 대해서는 투자하는 시간과 비용을 고려하여 사교육을 통해 학교 진도를 따라가는 데 도움을 받아 실력이 향상되었을 것이라고 추측했지만, 그에 비해 초등학생들이 받는 스트레스 지수는 높을 것으로 생각하였다.

2. 인터뷰

(1) 조사 대상

서울 OO초등학교 교사 OOO 외 3명
- OOO 여 20대 5년차 3학년
- OOO 여 40대 25년차 3학년
- OOO 여 40대 19년차 3학년
- OOO 여 38세 14년차 6학년

(2) 조사 방법

본 연구는 초등 교사를 대상으로 하여 진로 동아리 'OO'이 직접 질문하며,

인터뷰를 실시하였다.

(3) 조사 전 예상 결과

초등 교사가 사교육으로 인해서 수업하는 데 마찰이 있을 것이라고 예상하였다. 예를 들어, 학생들 간의 실력 차이, 사교육을 받고 있는 학생의 학교 수업 참여도 저하를 가장 수업을 하는 데 힘들게 하는 요소로 예측하였다.

III. 연구 결과의 분석

1. 초등학생의 사교육 학습 실태

(1) 수강하는 사교육 시스템(과외 및 학원 등)의 양

초등학생의 사교육 양에 대해 조사한 결과는 〈그래프 1〉과 같다.

〈그래프 1〉 수강하는 사교육 시스템(과외 및 학원)의 양

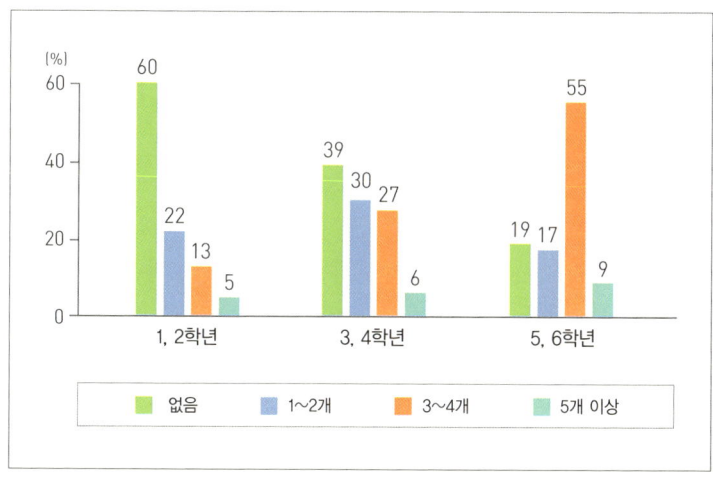

〈그래프1〉에서 보는 바와 같이 설문 조사 결과 1, 2학년 집단의 경우 사교육을 실시하지 않는 학생의 수가 32명(60%)으로 가장 많았다. 하지만 3, 4학년 집단에서 사교육을 실시하지 않는 학생은 38명(39%)으로 현저히 줄었고 그에 비해 1~2개, 3~4개 이용하고 있다고 답한 응답자 수가 각각 8%p, 14%p 증가하였다. 5, 6학년 집단에서 사교육 시스템을 3~4개 이용하고 있다고 답한 학생들이 하나도 이용하지 않는다고 답한 학생 수보다 36명 많아, 학년이 올라갈수록 이용하는 사교육 시스템의 개수가 늘어남을 알 수 있었다. 또한 5개 이상 수강하고 있다고 답한 학생들도 학년이 올라갈수록 꾸준히 증가하는 추세를 보여 예상했던 결과와 비슷하였다.

(2) 하루 평균 사교육 이용 시간

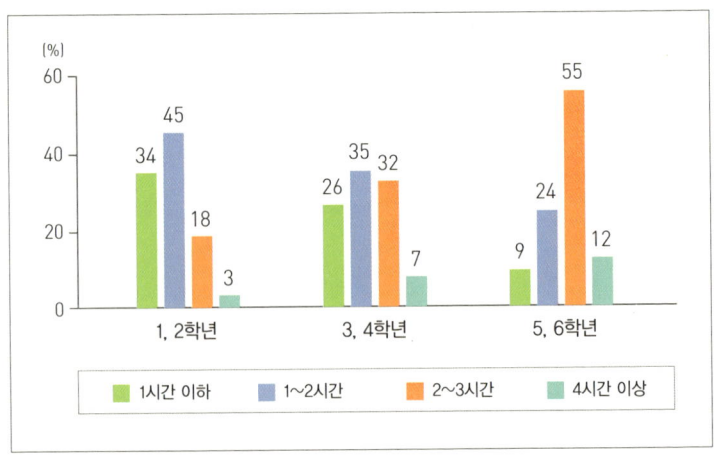

〈그래프 2〉 하루 평균 사교육 이용 시간

사교육 시스템 이용 시간에 대해 분석한 결과 1, 2학년 집단은 1~2시간 이용한다고 답한 학생이 24명(45%)으로 가장 높았다. 학년이 올라갈수록 1시간 이하로 이용하는 학생 수는 감소하고 2~3시간 이용하는 학생 수가 눈에 띄게 증가한다는 사실을 알 수 있었다. 특히 5, 6학년 집단에서는 하루 평균 2~3시간 동안 사교육을 실시한다고 답한 학생이 26명(55%)으로 과반수를 차지하였다. 또한 4시간 이상 이용하는 학생들도 학년이 올라갈수록 증가하여, 예상 결과와 같은 결과를 보였다.

2. 초등학생의 사교육 실시 동기

(1) 사교육 이용의 동기

초등학생의 사교육 실시 동기에 대해 조사한 결과는 〈그래프 3〉과 같다.

〈그래프 3〉 사교육 이용 동기

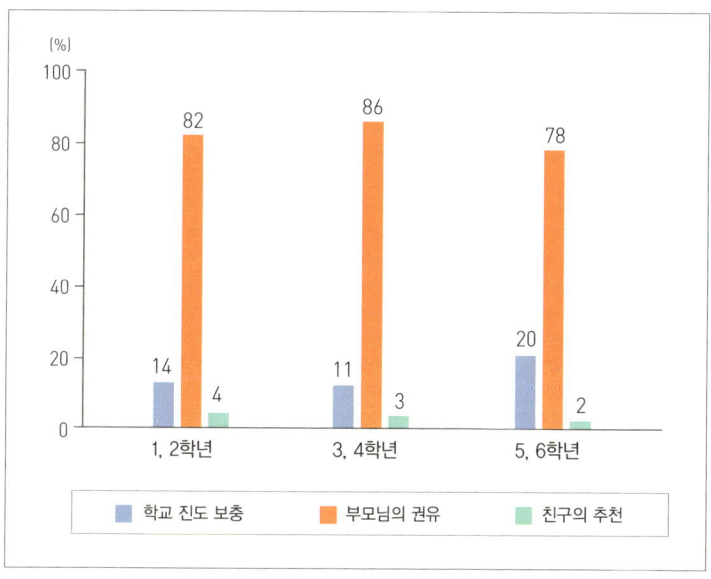

사교육을 이용하게 된 이유는 모든 집단이 공통적으로 부모님의 권유로 인해 시작하게 된 경우가 각각 82%, 86%, 78%로 대부분을 차지하였다. 학교 진도를 보충하기 위해 시작했다고 답한 경우가 학년이 올라갈수록 증가하였지만 크게 눈에 띄는 결과를 얻지는 못했다. 따라서 예상했던 결과와는 일부 다른 결과를 도출하였다.

3. 초등학생의 사교육의 영향

(1) 초등학생의 사교육과 실력 향상, 스트레스의 관계

초등학생의 사교육과 실력 향상, 스트레스의 관계에 대해 조사한 결과는 〈그래프 4〉와 같다.

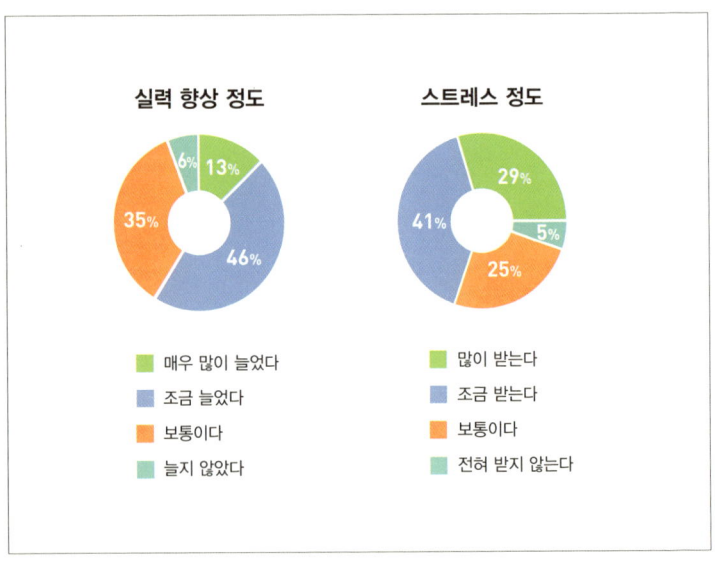

〈그래프 4〉 초등학생의 사교육과 실력 향상, 스트레스의 관계

사교육 실시 후 실력 향상 정도에 대해 분석한 결과 조금 늘었다고 응답한 학생이 92명(46%)으로 가장 많았으나 보통이라고 답한 학생 70명(35%)과 크게 차이가 없었다. 또한 실력이 매우 많이 늘었다고 응답한 학생은 26명(13%)으로 다른 항목에 비해 낮은 지수를 보였다. 초등학생들이 사교육으로 인해 받는 스트레스 정도 또한 조금 받는다고 답한 학생이 82명(41%)으로 가장 많았고 많이 받는다고 답한 58명(29%)이 뒤를 이었다. 이를 통해 사교육으로 실력이 많이 향상되었을 것이라는 예상과는 달리 학생들이 받는 스트레스에 비해 실력 향상 효과는 크게 이루어지지 않았음을 알 수 있었다.

4. 사교육이 학교 수업에 미치는 영향

(1) 사교육에 대한 교사 입장

초등 교사 입장에서 현재 초등학생들의 사교육은 불필요하며, 오히려 공교육에 대한 집중력을 떨어뜨린다고 답하였다. 학생들의 사교육으로 인해 한정된 수업 시간 내에 학교 진도를 쉽고 빠르게 끝낼 수 있어 일부 장점이 있지만 수업 태도 불량, 학생들 간의 실력 차이가 벌어진다는 점을 고려한다면 장점보다 단점이 우선적으로 떠오르게 된다는 의견이었다. 따라서 저학년은 예체능을 제외한 국영수 사교육은 아직 이르고 불필요하다는 의견이었다.

(2) 사교육으로 인해 수업할 때 힘든 점과 편리한 점

초등 교사는 사교육으로 선행을 한 아이들이 그렇지 않은 아이들의 수업을 방해하는 태도를 보인다는 의견이다. 또한 사교육으로 인해 한 학급 안에서의 실력 차이가 심하게 벌어져 수업할 때 고충이 있다고 말하였으며, 태도(수업 태도, 생활 태도 등) 면에서 문제를 보이는 학생들이 과거에 비해 늘어감을 인식하고 있다. 그에 반해, 한정된 수업 시간 안에 진도를 쉽고 빠르게 끝낼 수 있어 편리하다는 의견이다.

(3) 사교육으로 인한 초등 교사 인식 변화

학원 강사와 다르게 공교육 교사들만 할 수 있는 교육(예절 교육, 질서 교육 등)이 있기에 인식의 변화는 생각보다 크게 없다고 말하였다.

5. 공교육과 사교육

(1) 사교육의 필요성

현직 초등 교사의 시선으로는 사교육이 초등학교 한정으로만 불필요하다고 본다. 따라서 공부 난도가 올라감에 따라 중학교, 고등학교는 사교육이 필요하다고 생각하고 있다.

(2) 사교육의 해결 방안

교사들은 학년이 올라갈수록 사교육을 받는 학생들이 증가함에 따라 사교육 문제 해결을 위해 공교육의 발전이 필요하다는 의견이며, 이를 위해서는 교사들이 사교육을 실시하지 않는 아이들 중심으로 수업을 진행하는 것이 필요하다고 답하였다.

Ⅳ. 요약 및 결론

1. 요약

본 탐구는 초등학생들의 사교육에 대한 조사 연구를 통해 현 초등학생들의 사교육 문제점을 파악하였다. 또한 현 초등학생들의 사교육 현황, 동기, 영향을 분석하였다. 이를 바탕으로 초등학교 사교육 문제점의 해결 방안과 공교육의 발전 방향을 제시하고자 한다. 이러한 목적을 달성하기 위하여 다음과 같은 탐구 목표를 설정하였다.

첫째, 초등학생들의 사교육 현황을 알아본다.

둘째, 초등학생들의 사교육 실시 동기와 영향을 알아본다.

셋째, 초등학생 사교육이 학교 수업에 미치는 영향을 알아본다.

첫째, 초등학생 사교육 실태
저학년에서 고학년으로 올라갈수록 사교육을 실시하는 학생들이 증가하였다. 모든 학년이 평균적으로 일주일에 3~4개의 학원을 다니고 있다고 응답하였다.

둘째, 사교육 실시 동기 및 영향

모든 학년이 대부분 부모님의 권유로 사교육을 시작하게 되었다고 응답하였다. 그러나 그에 비해 사교육으로 인해 실력이 많이 향상되었다고 한 학생은 13%에 불과했다. 뿐만 아니라, 다수의 학생들이 지나친 사교육으로 인해 스트레스를 받고 있다고 응답하였다.

셋째, 사교육이 학교 수업에 미치는 영향

교사 입장에서 사교육은 학교 수업의 집중도를 저하시키며, 학생들 간의 실력 차이 조성, 수업 태도 불량을 유발한다고 인식하였다. 또한 초등 교사 입장에서 현재 초등학생들의 사교육은 불필요하다고 생각하고 있다.

2. 결론

이상으로 제시한 탐구 결과에 대한 결론은 다음과 같다.

첫째, 대부분의 초등학생들은 사교육을 실시하고 있고, 저학년 때 사교육을 받지 않더라도 고학년으로 올라가면서 일주일에 평균 3~4개의 사교육을 받고 있다. 1일 평균 사교육 시간은 2~3시간으로 일주일로 따지면 6시간에서 12시간의 사교육을 받고 있다는 것이다. 국외 교육학지들의 초등학생 권장 사교육 시간이 30분~2시간임을 고려한다면 현 초등학생들의 사교육 시간은 무리가 있다고 판단된다.

둘째, 학교 수업을 보충하기 위해 사교육을 실시할 것이라는 예상과는 달리 대부분의 학생은 부모님의 권유로 사교육을 시작하게 되었다. 즉, 학생들이 공교육을 따라가지 못해 자발적으로 사교육을 통해 보충하기 위함이 아니라 단지 부모님의 권유에 따라 시작하게 되었다는 것이다. 그러나 사교육이 스스로의 의지 없이 타인의 강요로 인해 이루어진다면 학생들은 학습 흥미도와 의욕을 오히려 상실할 것으로 보인다.

셋째, 사교육을 받고 난 후 실력이 크게 향상되었다고 한 학생보다 보통이라고 응답하거나 조금 늘었다고 답한 학생이 월등히 많았음을 알 수 있었다.

넷째, 사교육으로 인한 스트레스를 겪는 학생들이 대부분이었는데, 이것으로 보아 학생들은 사교육에 부정적이라는 결론을 얻었고 단순히 사교육을 해야 한다는 의무감 때문에 실시하는 것으로 보였다. 그리고 학생들의 학습 능력에 만족하지 못한 부모가 더 많은 사교육을 권장할 경우, 학생들은 더 많은 스트레스를 받게 되는 악순환이 이루어질 것이라고 예상된다.

다섯째, 현 초등 교사 입장에서 사교육은 부정적으로 인식되었다. 특히 저학년의 경우는 예체능을 제외한 국어, 영어, 수학과 같이 주요 과목에 대한 사교육은 불필요하다고 하였다. 또한 사교육은 학생들 간의 실력 차이를 유발하고, 사교육으로 이미 학습을 완료한 학생들의 학교 수업 집중도를 떨어뜨리고, 수업 태도를 불량하게 만든다고 하였다.

여섯째, 공교육보다는 사교육 의존도가 더 높은 것으로 드러났다.

V. 제언

1. 선진국의 사교육 현황과 사례

(1) 선진국의 사교육 현황

최근 선진국에서도 사교육 열풍이 불고 있다고 한다. 그러나 한국에서와 다르게 입시를 위해서가 아닌 건강하고 즐거운 삶을 위해서 사교육을 이용한다고 한다. 예를 들어 독일은 예체능 교육을 실시하여 창의성과 인성을 발전시키고, 네덜란드의 경우 평생 스포츠 교육을 실시하여 스트레스를 사교육으로 해소하고 있다.

그러나 궁극적으로 서양 선진국에서는 사교육 시장도 작고 관심도 적다. 첫 번째 이유는 직업의 수가 적던 과거와 다르게 지금은 고소득 직종에서 고학력 필요 직업의 비중이 낮아졌다. 다른 이유로는 공부를 한다는 것은 스페셜리스트(전문가)가 되거나 그에 가까운 실력을 가지겠다는 의도인데 선진국 서양인들은 그냥 돈으로 스페셜리스트를 고용하면 된다고 생각하는 경우가 많다.

(2) 선진국의 좋은 사교육과 공교육의 관계

1) 핀란드, 사교육을 대신할 공교육 시스템

올해 초 핀란드 학교를 방문한 서울시교육청 관계자에 따르면 핀란드에서는 초등학교부터 대학교까지 모두 무상 교육으로 이뤄진다. 초중고교 교사는 모두 대학원을 졸업한 석사 이상 학위 소지자이고, 수업은 전적으로 교사가 자율적으로 운영한다. 각 학교장 재량에 의해 수업을 운영하도록 해 교사의 수업 수준과 책임성은 그만큼 높다. 특히 학교에서 운영하는 보충 학습은 사교육을 대체하고 있다. 학교마다 보충 학습을 전담하는 특수 교사를 배치해 이들은 학생이 정규 수업에서 이해하지 못하는 부분을 일대일로 집중 지도한다. 우리나라 같으면 소위 '나머지 공부'라고 꺼리는 분위기가 있을 수 있지만 핀란드에서는 전체 학생의 3분의 2가 보충 학습을 받아 학교 수업의 일부나 마찬가지다. 사교육 업체에서 담당하는 부분을 공교육이 모두 소화하고 있는 셈이다.

2) 싱가포르, 학원과 사교육은 공교육 보조 역할

싱가포르 역시 공교육 중심의 교육 시스템이 잘 갖춰져 있다. 역량 있는 교사, 효율적인 교육 시설을 갖춘 학교가 경쟁력이다. 교사들은 교실 수업에서 인성 교육을 강화하고 각 학교는 싱가포르 교육의 주요 단계별 기대되는 학습 결과를 구체적으로 설정, 평가하고 있다. 싱가포르에서 사교육은 공교육을 돕는 역할로, 공교육을 넘을 수 없다는 게 우리나라와는 큰 차이점이다. 우리나라와 같이 교과목 선행 학습을 위한 사교육은 전혀 없고, 제2외국어나 수학 등 학교 수업에서 부족하다고 느끼는 부분만 사교육의 도움을 받는다.

2. 대안 및 개선 방향

(1) 사회적 인식 변화

　우리나라 사교육 시장을 줄이려면 첫째로 국민들의 사고 전환이 필요하다. 성적 향상을 무조건 사교육에만 의존하는 것이 아니라 자기 주도 학습, 공교육, 방과 후 수업, EBS, Ted 등을 이용해 해결하려는 사고가 필요하다.
　또한 고학력 없이도 중산층이 될 수 있는 사회가 되는 것이다. 이런 사회라면 어차피 초고학력이 필요한 직업이 아닌 이상 심각한 사교육까지 받지 않아도 되니까. 따지고 보면 고학력 인재가 그다지 많이 필요한 것도 아니며, 노동시장을 유연화하고 생계가 보장되는 최저임금이 자리를 잡으면 입시 위주 교육마저도 이렇게 심각한 문제가 안 된다.
　교육을 통해 높은 사회적 지위를 갖는 것은 국가가 성장기일 때나 연관성이 크지 성숙기에 진입하면 큰 연관성이 없다. 서양 선진국에서도 나타났듯이 사회가 발전하면 고전적인 교육을 받은 사람에 대한 수요가 줄고 대신 공부와 연관성이 낮지만 돈을 잘 버는 직업들이 지배 계층에 편입된다. 문제는 아직 피지배계층이 옛날의 가치관에 갇혀 있다는 것인데 이 또한 서양 선진국들이 과도기를 거쳤던 것처럼 해결될 확률이 높다.

(2) 공교육

　두 번째로 중요한 점은 공교육 개혁이 필요하다는 점이다. 기본적으로 사교육은 공교육 때문에 생기는 것이다. 공교육이 좋다면 굳이 사교육을 받을 이유가 없기 때문이다. 따라서 공교육의 변화가 급히 필요하다. 예를 들어, 미국에서는 각 교사들이 직접 자기만의 수업을 진행하고 점수를 책정한다. 만약에 교사가 시험 30%, 출석 15%, 숙제 20% 그리고 기타 등등을 따로 책정하여 점수를 매기면, 시험에서 100점을 맞더라도 나머지가 부실했을 경우 성적이 70점 혹은 C, B 정도밖에 안 나온다. 따라서 미국은 공교육 비율이 사교육 비율보다 훨씬 높다. 또한 미국 내에서도 필요하다면 사교육을 할 순 있지만 한국처럼 사교육이 필수인 건 아니다. 그에 반해 한국은 단순히 점수에만 집중하는 모습에 공교육은 매우 부실하니 사교육이 활발한 것이다. 그래서 창의력이 많이 떨어지고 단순히 점수를 높게 받기 위해 공부하는 상황이 나타난다.

꿈과 끼를 찾는 십대를 찾는 글쓰기의 모든 것
중학생 글쓰기를 부탁해

한경화 지음 | 유영근 그림

창의적 글쓰기와
자유학기제 수업을 위한 필독서!

꿈결 토론 시리즈
생각하는 십대를 위한 토론 콘서트 문학

이소영 지음 | 심수근 그림

문학작품과 토론을 쉽게 만나자

★ 학교도서관저널 추천도서

십대부터 성인까지 손글씨 완전 정복
반듯하고 멋진 손글씨 15일 완성

차종안 지음

글씨 전문가의 특별 노하우로
악필 탈출 오늘부터 시작!

독서 전문가의 노하우를 한 권에
공부 근육 키우는 독서법

임성미 지음

수행평가, 자유학기제, 학습의 기본은 독서 능력

★ 독서 교육 분야 베스트셀러 저자
★ 독서력 진단표 수록

꿈결 클래식 시리즈

데미안 / 햄릿 / 젊은 베르터의 고뇌
도련님 / 변신 / 노인과 바다

★ 노벨 문학상 수상 작가 헤르만 헤세 《데미안》
★ 노벨 문학상, 퓰리처상 수상작 《노인과 바다》

**글맛 나는 번역, 최고의 전문가가 쓴 해제
올 컬러 일러스트로 만나는 우리 시대의 고전**

꿈결은 전 세대에게 사랑받는 명작을 선별하여 '꿈결 클래식'을 출간하고 있습니다. 영문학, 불문학, 독문학부터 중문학, 일문학, 우리 문학까지! 누구나 아는 명작부터 놓쳐서는 안 될 작품까지! 한 권, 한 권 정성을 다해 독자들의 가슴속에 오래 남을 좋은 책을 만들겠습니다.

꿈결 클래식 시리즈는 계속 출간됩니다.